隨筆 比較考古學

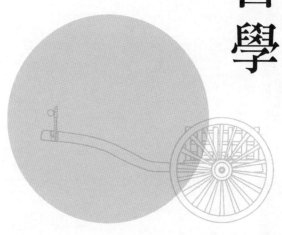

李學勤 著

中華書局

序

饒宗頤

　　李學勤先生集合近年所著論文二十篇，總題曰：《比較考古學隨筆》。他在引言中提出比較研究應該有五個層次，即是：①中土不同時代的比較；②中土與邊緣地區的比較；③中土與鄰邦的比較；④中土與太平洋地區的比較；⑤中土與其他古文明的比較。漸次推進，可説是由近及遠。他不是一位純粹主張傳播論者，而是實事求是，揭櫫一些在不同地區而有某種相同的文化現象，作出極有啟發性的提示。本書所指出的二十件大事都是富有興趣而能夠引人入勝的古史上的重要「問題點」。李先生與我為多年知好，他認為我在古史的鑽研方面和他有一些相同的傾向，故此引為同調，要我為他的著作寫幾句話，真使我受寵若驚，既有了「共同語言」，我亦不辭「佛頭著糞」之誚，斗膽地答應了。

　　先民在踏入農業社會以前，有一段漫長的狩獵時代，當時的生活狀況可以説是行國，還不是居國，如果在氣候變化或者大型的軍事行動發生時，人口必有很大流動和轉

徙，雖是天南地北之懸隔，由於傳播的結果亦可出現一些
相同的東西。近代的古史學者，很喜歡從東西兩個極端作
出比較的論點，從王國維的古籀分東西說，傅斯年的夷夏
東西說，以至近時的文字上象形指事的東西說，已經成為
一套濫調，反之，從南北的角度來看問題卻如鳳毛麟角。
李先生書中對江西的吳城新干和百越文化所受到北方的影
響，有十分有趣的分析，真是巨眼若燭。最近香港南丫島
大灣瀕海地帶竟有帶鉬牙的玉璋出土，和二里頭及陝西神
木的牙璋很相像（但與本書所談的三星堆蜀國式的岐尖加
飾的牙璋不同），而大灣的彩陶紋樣與湖北大溪遺物有類
似之處，亦足證明中原文化之南被。古書所說「五十萬人
守五嶺」分明是誇大的話，但先秦禮器的傳播遠及海澨，
正可為南北交流提供一物證。

　　李先生談規矩鏡、日晷、博局都是八極紋三位一體，
我嘗推測安徽含山玉龜裏頭所夾的玉片上面的紋樣即指示
八方、八極，是空間觀念的表現而不是曆法，玉片鐫刻的
小圓點作數字的排列，可與河圖洛書比較，而玉版夾在靈
龜中，不啻是「河圖玉版」的寫照。（文見拙作《史溯》）

　　談及西北絲路，李先生指出虎噬鹿器諸動物紋樣與
斯基泰文化的關係。按 Scythian 即是所謂塞族，本稱
Saka，其名見於出土之古波斯文石碑。斯基泰本為波斯

國之一省，Saka 於埃蘭文（Elan）作 ša-ak-ga，阿卡得文
（Aecadian）文作 gi-mi（r）-ri，希臘文作 ε（s）kiθŋs，與
西北民族有甚深之血緣關係。周原召陳村出土蚌雕外國人
頭像頭頂鏤一✠字，有人説即是塞族。我曾指出在西亞公
元前五千五百年前 Halaf 地區的陶器和女神肩膀上亦刻有
✠的標識（説見拙作《絲綢之路引起的文字起源問題》）。
西亞與中國交往在近年考古學上的物證象瑪瑙珠在滇池區
域出土之多，只江川李家山墓地即有八〇七九牧（詳張增
祺《戰國至西漢時期滇池區域發現的西亞文物》）。廣東
南越文王墓的銀盒，已被證明為波斯 Xerxes 一世（公元
前四八五年至公元前四六五年）時期的遺物。中外文物交
流的年代已可推前，早期商業貿易的記載包括陸路與海
道，如《魏書・西域傳》所説：「大月氏世祖時，其國人
商販至京師自云能鑄石為五色玻璃。」《梁四公記》説：
「扶南大舶從西天竺國來，賣碧玻璃鏡……」（《太平廣記》
卷八一引）。我們看楚滇各地的坡璃器以至廣東肇慶戰國
墓和南越王墓出土之琉璃均可證明上面的記載事實上在先
秦時代已是如此。吳時薛綜上疏有云：「貴致遠珍名珠、
香藥、象牙、犀角、瑪瑁、珊瑚、琉璃……奇物充備寶
玩。」南越王墓中的各種寶玩正説明海上商販在西漢初期
已是相當發達了。

　　楊希枚兄分析西北岡出土的三百九十八具人頭骨的
複雜性，其中有海洋類黑人種，第五組他懷疑與印度人的
頭骨很接近，又證明有二三具幾乎無殊於歐洲的纇是高加
索人種。我在一九七三年考證印度的 Cinapatta 與蜀布
的關係，附帶提到崑崙舶和古代海上絲綢之路，現在已成
為熱烈討論的課題。張秉權著《甲骨上黏附的棉布》一文
指出殷代出土龜甲雜有棉布，即土盧布，相當榜葛剌國所
謂兜羅棉，此外武夷山船棺葬亦出有棉布，證明身毒貨物
在殷代已有交流跡象。在北高加索山區的巴勒卡（峪）海
拔一千尺墓葬出土絲織品多件，其中文書殘片有漢文三行
（俄文考古報告，見張廣達《論隋唐時期中原與西域文化
交流的幾個特點》，北京大學學報一九八五，第四期），
此為唐代遺物，遠古情形，還有待於進一步研究。

　　銅在西亞起源甚早，⚒即其初文，楔形文稱 urd-du。
姜寨第一期遺物出有黃銅片和黃銅管狀物，冶煉方法比較
原始。甘肅齊家文化、火燒溝文化發現銅器遺址，時代相
當於夏。文獻的記載像《墨子・耕柱篇》說：「昔者夏后
開（啟）使蜚廉采金於山川，而陶鑄於崑吾。」鑄銅始於
夏，古代已有此說，和出土文物正可印證。

　　記得若干年前，故友三上次男博士自埃及考察返國，
道經香港，贈給我一些在中東遺址拾得的陶片，我說古代

東方陶瓷傳入近東，和阿拉伯人經商的香料之路有同等價值，後來他寫成《陶磁之路》一書，影響至今。李君書中有二章敍述銅鏡在中東一帶的傳播，描寫至為生動。大家習慣「絲綢之路」一名，其實，以某種特產在商業活動上來代表文化之交流，銅鏡之路、香藥之路、陶瓷之路和絲綢之路是同樣重要的！

我近年研究陶器上的符號，相信新石器時代，老早已開拓了「陶（瓷）之路」，形成東西文化上的接觸，三上博士的説法可以推前。從許多相同的陶符分佈情形看來，遠古時代不免互有交往，我的看法有下列幾點：

① 文字未形成以前，有一段漫長時間，流行某一記號，代表某些吉利、富有的意義，可説是「陶符時代」。

② 這些同形陶符的傳播，東南地區亦會出現，諸夏境內，一向華夷戎狄雜處，正可説明這一現象。

③ 中外亦有不少同形記號，我嘗舉出凸、卍、⊗⋯⋯等字為例，説明古代陶器之路早已存在。

我另有專書作詳細研究，李先生比較中埃文字發展的過程，有類似之處，他很關心這一問題，我希望李先生他日亦為我的書寫一序文，斟酌切磋，投桃報李，李先生必定能首肯的。

李先生此書以深入淺出的文字，提出許多嶄新有趣的

問題，論點十分可貴。他的廣博的視野和縝密的分析，加上他有機緣接觸許多實物作仔細的考察，所得的結論，不是一般關在屋子裏作海客「談瀛」的人們所能做到的。

　　本書的出版，無異古史學與考古學二大流結合誕生的一個新果實，是一項重要成就，我想讀者看過本書之後，必有與我相同的感受。

一九九一年六月

目錄

一

引 言

　　這本小書在標題上寫出「比較考古學」的字樣，目的並不是要杜撰一項學科，藉以標新立異。我的想法只是要強調一下比較研究在考古學中的重要性，希望有更多的人重視這種研究方法，致力於有關的探討，使考古學——特別是中國考古學獲得更豐富的成果。

　　比較研究方法在文史方面的運用，可以說由來已久。比較文學、比較文學史、比較史學等名詞，是大家早就熟悉的。中國學者對歷史文化領域如何進行比較研究，近年有較多論述。例如周谷城先生的《中外歷史的比較研究》一文說：「比較研究，即經常拿彼此不同的東西對照看的意思。這樣作，可以使我們易於看出一些不應有的偏見。例如『古典時期』一詞，原來本是只適用於希臘、羅馬。但學者們為着要完成一個以歐洲為中心的歷史體系，便不得不把印度、中國、波斯等，也納入古典時期之下。」他

還列舉了一些事例，然後說：「……這類情況，我們如果不採比較研究的方法，或者自始即讀世界史，而不研究一點中國史，換句話說，即不拿中外歷史對照着看，就很不容易看得清，就很不容易作進一步的考慮，或更切合現實的考慮。」他提到他的《世界通史》第一卷講到六個古文化區，即尼羅河流域、西亞文化區、愛琴文化區、中國文化區、印度河流域、中美文化區等，有分區並立，其反面必然是往來交叉，「如果不用比較研究或對照看的方法，則不易看出其重要性，即使看到了也不易從正面突出，給予應有的敍述」。

考古學的情況更是這樣。周谷城先生提到的幾個古文化區，在很大程度上正是建立在考古的探究上的。即使在一個地區、一個國家之內，還可存在若干種文化，彼此並立，互相融會交流。對這些文化的同異，有必要進行比較考察；對不同的文化區的同異，也應加以比較研究。比較研究方法在考古學領域內，實在是大有用武之地。

中國和外國的考古學有着各自的淵原。現代考古學在歐洲形成，是在十九世紀前期，其前身是所謂古物學（antiquarianism）。中國的考古學則是在二十世紀前期現代考古學傳入後建立的，它的基礎乃是傳統的金石學。金石學在中國有悠久的歷史，為考古學的興起準備了豐富的憑藉和材料。同時，中國幅員廣闊，文化綿遠，地上地

下有非常弘富的文物寶藏，更使中國考古學有強烈的自身特點。中國考古學者每每局限於國內考古的知識和經驗，外國考古學者又多因語言障礙，不能直接吸收中國考古學的大量內涵，結果是雙方難以溝通，妨害了比較研究的開展。

要把中外考古學真正溝通起來，僅靠考古報告和論著的介紹、翻譯是不夠的。必須對古代各地區、各國家的文化作通盤的觀察，以整個人類的歷史發展為背景，進行細緻的對比研究。這樣，就可以看到各種文化的同異，揭示一些文化間交流影響的關係，並對各個文化在歷史上的地位和貢獻作出恰當的估計，這正是比較考古學設想達到的目的。

比較研究對中國考古學的發展也有很大幫助。事實上，幾位為在中國建立現代考古學作出貢獻的學者，都以博大的眼界，在不同的研究領域中運用過比較研究的方法。例如李濟先生，在分析安陽殷墟的商文化時，曾廣泛對比當時所有的國內外考古材料。他一九二九年發表在《安陽發掘報告》上的《殷商陶器初論》，引了羅斯陀夫柴夫（Rostovzeff）和博羅夫加（Borovka）的著作，以商周青銅器的饕餮、螭龍等花紋與西伯利亞的動物紋飾藝術對比，反駁了商周花紋受北方影響的論點指出商周文化與北方確有關係，但係商周影響及於北方。一九三二年他

在《蔡元培先生六十五歲慶祝論文集》發表《殷墟銅器五種及其相關之問題》，更引用許多國外材料來對照。如他根據英國柴爾德（Gordon Child）對歐洲青銅文化的論述，指出「金屬料只有到最便宜的時候才用着作箭頭」，因為箭頭一般是不能回收的，殷墟銅箭頭的大量出現表明青銅工藝的發達。他這篇文章最後說：「殷商以前仰韶以後黃河流域一定尚有一種青銅文化，等於歐洲青銅文化的早中二期，及中國傳統歷史的夏及商的前期。」他的這一推斷，現在已由多年來的考古工作證實了。

夏鼐先生的許多著作，都以世界考古學的成就作為研究的參照。如他對「絲綢之路」作過深入的探討，在中西文化交流的研究方面有重要貢獻。他在《中國文明的起源》書中自述在「絲綢之路」東端西安做過考古工作，又曾沿河西走廊調查試掘，直到漢玉門關遺址，還去過新疆調查；他也訪問過「絲綢之路」西段，包括伊拉克、伊朗的古城。他指出「中西的文化交流和貿易往來並不是單方面」，中國輸出絲綢等項，也輸入了毛織品、香料、寶石、金銀鑄幣和金銀器等。夏鼐先生就中國境內發現的波斯銀幣和拜占廷金幣，曾撰有一系列研究論文。

以上所舉，不過是一些例子，很多學者在研究中國考古學時，都應用過比較研究的方法，尤其是就某種文物作具體比較的情形較多。比較研究適用的範圍極廣，只要

是兩種以上的文化，不管是對文化的整體，還是對文化中的某項因素，都可以進行比較，可以對照中國與外國的文化，也可以對照中國境內的不同文化。我覺得，在中國考古學範圍內展開比較研究，不妨分為下列五個層次：

第一個層次，是中原地區各文化的比較研究。

這裏說的「中原」，比有些人理解的更為廣義一些，是指從陝西關中以至黃河中下游一帶地區。古代自虞、夏、商、周，漢、唐盛世，王朝建都均不出這個地區的范限，成為政治、經濟、文化的中心。中國考古學早期的工作地點，主要也是在中原。

中原的考古文化，並不是只有單線的發展。這方面的認識，在古代史的研究者間已有先驅。比如《蔡元培先生六十五歲慶祝論文集》所刊傅斯年《夷夏東西說》，就主張「三代（夏、商、周）及近於三代之前期，大體上有東西不同兩個系統。這兩個系統，因對峙而生爭鬥，因爭鬥而起混合，因混合而文化進展。夷與商屬於東系，夏與周屬於西系。」這種東西兩系的觀點，至今對這一時期的考古研究仍有影響。

現在我們知道，中原地區的考古文化是相當複雜的，如果簡單劃為兩系，未必能反映實際。古代這一地區的人民究竟應如何劃分，很值得通過比較研究去考察。即使是在秦統一以后，一些文物之間的文化聯繫，也應當通過比

較來探索研究。

第二個層次，是中原文化與邊遠地區文化的比較研究。

這裏說的「邊遠」，是就古代的歷史情況而言，也可叫非中原地區，即中原以外的廣大地區。中國從來是多民族、多區域的統一體，研究歷史文化不能脫離這一前提，但是以往很長一段時間，邊遠地區的考古工作進行不多，對當地的文化面貌了解有限。

這種情況，在近年已有根本的改變。現在全國各地已發現的舊石器時代的文化遺址，數量已經超過四十年前的新石器時代遺址。新石器時代遺址的分佈，其密集和廣泛，更是前人難於想像的。過去學者多認為商文化限於黃河中下游一帶，如今看來，這種文化的影響範圍要廣大得多。以商代青銅器的出土而論，北到內蒙，東到山東，西到陝西和甘肅一帶，南到廣西，其器物均有商文化的特點，表明這種文化的強烈影響。

蘇秉琦先生近年提倡考古學的區系研究，他所主編的《考古學文化論集》，不少論文都是運用區系類型理論的，其中有邵望平《〈禹貢〉「九州」的考古學研究》一篇，以黃河、長江流域古文化區系與《尚書·禹貢》九州對比，指出古人的九州劃分古老而真實，「視角是處於凌駕諸區系之上的中心位置的俯視角，其視野所及之天下正與

中華兩河（黃河、長江）流域文化圈相當，其中，九州分野又與各歷史文化區大體一致」。這是非常發人深思的。當然，中國的疆域尚不限於《禹貢》的九州。

中原與邊遠地區文化的交流影響，是雙向的。在中原以外很多地方能夠看到中原文化的影響，同時在中原也能找到來自邊遠的文化因素。比較雙方的異同，使我們能更進一步了解中華文明形成發展的歷程。

第三個層次，是中國文化與鄰近地區文化的比較。

由於地理的接近，人民的往來，同中國文化關係最密切的，自當推中國周圍的國家地區。不少學者在這方面作過探討，例如以中國北方以青銅短劍為特徵的文化與西伯利亞的文化比較，以中國南方發現的靴形鉞、銅鼓與東南亞的文化比較。再如中國與日本間的文化交流，兩國學者長期以來從考古學方面加以研究，提出了很多重要的課題。這一類實例，可謂不勝枚舉。

第四個層次，是包括中國在內的環太平洋諸文化的比較。

上面談到的中國同鄰近文化的比較，自然也包含了這個層次的一部分。

太平洋的周圍，有亞洲的東部，有美洲，也有大洋洲。地理大發現以後，位處舊大陸的太平洋沿岸的東亞、東南亞，與遙遠的美洲等地古代有否往來，一直是人們關

心的問題。特別是中國，古代有悠久燦爛的文明，其影響曾否遠越重洋，引起學者許多推測。章太炎寫過《法顯發現西半球說》（《章太炎全集》四），云公元五世紀中國僧人法顯至墨西哥，「今考墨西哥文化，尚有支那（中國）文物制度之蛻形」。隨後有類似想法的論作頗多，外國也有持這種意見的作品。無論將來能不能證實往來關係的存在，對環太平洋各地的文化進行比較研究肯定是有益的。

第五個層次，是各古代文明之間的比較。

這裏說的，是指古代獨立形成的各個文明，英國考古學家丹尼爾（Glyn Daniel）在他的《最初的文明》（*The First Civilizations*）中曾有討論。中華文明，就是世界上最早出現的古代文明之一，有着自己獨立的起源和發展。但正如前述夏鼐先生的書所講中國文明的產生，主要是由於本身的發展，但這並不排斥在發展過程中有時可能加上一些外來的影響，

更重要的，是通過中國與其他古代文明的對照分析，去考察人類歷史發展的普遍法則。一九八六年，在美國弗吉尼亞州的愛爾麗舉行了題為「古代中國與社會科學的一般法則」的學術討論會，不少論文即以中國與近東、美洲的古代文明作出比較研究，有所收穫。

　　在這種比較研究上，應該反對唯傳播論的觀點。不同地區、不同文化的人們，在歷史前進到類似階段時，會有相同或相似的工藝和美術的創造，不可把這種現象一律視為傳播的結果，否則就會導致錯誤的推論。同時又必須承認，古代人民的活動範圍每每勝過今人的想像，文化因素的傳播會通過若干環節，達到很遙遠的地方。這裏要求實事求是，也就是真正科學的態度。

　　比較研究還可以從更廣義的方面去理解。不同文化的類似因素可供對照比較，同一文化裏的不同因素（例如表面上看來互不相干的幾種器物）也可供參照研究。有意地利用這種方法，將會使考古學的內涵更為豐富多彩。如果這種方法能為多數學者接受運用，有可能成立新的學科分支，即比較考古學。

　　比較考古學還沒有成熟，在中國也沒有這方面的系統專著，確實是有待開拓的園地。我自己知識和能力都有限，只是對此心嚮往之，隨手寫了一些讀書筆記。現在選出一部分，加上這篇引言，共成二十節，提供給讀者，以示對這一研究方向的提倡。這些其實都是小文章，題材、體例未求一致，內容彼此也沒有多少聯繫，因此書名就稱為《隨筆》了。其中不妥、疏漏之處，切望方家指正。

參考文獻

周谷城：《中外歷史的比較研究》，《光明日報》一九八一年三月二十四日。

李濟：《李濟考古論文集》，聯經出版事業公司，一九七七年。

張光直、李光謨選編：《李濟考古學論文選集》，文物出版社，一九九〇年。

夏鼐：《中國文明的起源》，文物出版社，一九八五年。

蘇秉琦主編：《考古學文化論集》一、二，文物出版社，一九八七年、一九八九年。

青銅器與商周文化的關係

多年以來，商文化和周文化的關係，一直是學者熱心討論的問題。這個問題先是在歷史學界提出，然後影響到考古學界，爭論的勢頭至今不衰。

早年有關這一問題的名作，首推王國維先生的《殷周制度論》（《觀堂集林》卷十）。他根據當時新發現的甲骨文等材料，倡言「中國政治與文化之變革莫劇於商周之際」。他的這一看法，是從縱的角度把商周文化區別開來。到三十年代，出現了上節曾引及的傅斯年《夷夏東西說》，提出夏、商、周三代有東西不同兩個系統，「夷與商屬於東系，夏與周屬於西系」，又從橫的角度把商周文化區別开來。雖然一縱一橫，見解有別，但他們都強調了商周文化的差異。王、傅二氏的觀點，對考古研究有着相當深遠的影響作用。

在考古文物研究上區分商周文化，有不少學者作過探

討。嘗試是從青銅器開始的，瑞典學者高本漢（Bernhard Karlgren）一九三六年發表在《遠東古物博物館館刊》上的《中國青銅器中的殷與周》，比較系統地論述了有關問題。由於青銅器是商周文化的重要因素，通過青銅器去看商周兩種文化的關係是有意義的。高氏的意見，隨着時間的推移，今天看來有些已可商榷，但仍有學者追隨他的思路。

一九五五年，陳夢家《西周銅器斷代》開始發表。陳氏專門論述了殷商和周初青銅器的區別，他說：「西周初期銅器，除了那些與殷代殷人銅器相同之外，哪些是它自己所有的特色？今天可知的約有以下數端：（一）四耳的簋；（二）帶方座的簋和獨立的方座或長方座（所謂禁）；（三）挹酒器之斗（舊稱勺）的曲折形的柄；（四）向外飛射的棱角；（五）某些殷代器類的不存在，如觚和爵漸少；（六）某些異於殷代器類的組合，如同銘尊、卣的組合；（七）某些殷代花紋的不存在。」他提出的這幾點，今天看也有可修正的。

陳氏的貢獻，實際不在上述七點的正面提出，而在於其反面的啟示。陳文指出的這些差異，都是比較次要的，這恰表明商周的青銅器其實沒有太多的差別。不論是形制、花紋、組合、工藝，兩者都是同大於異。在陳氏以後，又有若干學者作過類似的探討，所得結果也可作如是觀。

近年，陝西一帶的考古工作迅速發展，取得了許多新的成果。周人發祥地的文化面貌，逐步在考古學者的鏟下揭示出來。其中一個令人驚異的事實是，這裏所呈現的商文化的影響，時代之早，程度之強烈，都超出前人的意料所及。

在此附帶講一個小故事。一九六〇年，陝西省博物館和陝西省文物管理委員會編著了一本《青銅器圖釋》，把當時那裏收藏和出土的材料都網羅進去。其中有一件商代二里崗期（即商代前期）的銅爵，竟不能估計可能是本省出土的。不僅如此，過去在陝西發現的商代青銅器，大都被指為自河南等地輸入的東西。

現在知道，陝西境內比較典型的商文化遺存，數量很多，分佈也相當廣。即以二里崗期的文化遺址而言，已發現有華縣南沙村、藍田懷珍坊、耀縣北村等處。銅川三里洞等地，則出土了典型的二里崗期的青銅器。這些地點都近於渭河。

一九八〇年至一九八一年，在陝西南部靠近四川的城固龍頭鎮出土了兩批青銅器，更打開了人們的眼界。這兩批器物都是在龍頭鎮上街南側的一個土丘上挖出來的，第一批在土丘東北角，第二批在其南側，共有七十五件之多。青銅器大多數有明顯的二里崗期特點，另一些有地方風格。這項發現表明二里崗期商文化已經影響到這樣偏遠

的地方。

更重要的是，二里崗期的商文化也影響到周原。大家知道，周人的祖先原住在豳（今陝西旬邑），到商代晚期才遷居周原（今陝西扶風、岐山之間），得到「周」的國號，沒有想到，早在二里崗期商文化已經到達周原了。例如，一九七二年，在岐山京當出土的青銅器中，有二里崗期風格的甗。次年，扶風法門出土的青銅器裏，又有二里崗風格的鬲和杯。這些器物的年代可以估計為商代中期，當時周人還沒有進入周原這塊地方。

至於商代晚期，即殷墟期的青銅器，在陝西出土的更多。根據青銅器的特點，可以大致把出土地點劃分為三個地區：

第一是關中地區，渭河的兩側。由東向西數，出土殷墟期青銅器的地點有華縣、藍田、耀縣、西安、禮泉、武功、扶風、岐山、寶雞等地。其中西安附近的老牛坡遺址，內涵十分豐富，有房屋基址、墓葬，還有只曾在殷墟發現的車馬坑。

第二是晉陝交界地區，黃河兩岸。在陝西，北起靠近內蒙的榆林，南至綏德、清澗，以及陝西中部的淳化。這裏的青銅器帶有一些北方民族的色彩。

第三是漢中地區，包括城固、洋縣一帶。這裏的青銅器有的類似四川的蜀國器物，但也有商文化色彩十分濃厚的。

　　如果我們把這幾個地區與古書的記載聯繫起來，不難認識到晉陝交界地區屬於當時的戎狄，即《後漢書‧西羌傳》所記商代末年周人征伐的那些戎人之類。最近北京大學裘錫圭先生在綏德出土的青銅器銘文中釋出「亡終」，是一重要收穫。「亡終」便是文獻裏的無終，乃是狄族。由銘文知道，商代的無終居於現在的陝北。漢中地區則與成都平原的蜀國關係密切，應當屬於西南夷的範圍。這兩個地區都在商文化的浸潤之下，而本身文化色彩保留得還較為明顯。

　　關中渭水流域的情況卻有所不同。這裏的青銅器也受有上述兩個地區的影響，可是商文化的味道要更濃烈些。從史書上看，商朝末年在今西安附近有一個崇國，後被周文王伐滅，在其境內建立了國都豐（今西安市長安區）。崇國和商朝的關係十分密切，商文化在渭水地區的影響很可能是以崇國為中心的。周本來是商朝的一個諸侯，它興起的地域是在商文化的強烈影響之下，後來又由西向東擴展勢力，進入同商文化關係更緊密的崇國，並以那裏作為自己的中心。這樣看來，周人的青銅器主要是接受殷商的影響，是理所當然的。

　　最近，在陝西寶雞等地考古多年的盧連成、胡智生兩位撰有《陝西地區西周墓葬和窖藏出土的青銅禮器》一文。他們指出，早期周人製作使用的青銅禮器「是受到

殷商青銅文化的直接影響而形成的，所以兩者在主要青銅禮器的類別和造型、紋飾諸方面都保持了較多的相似性」。儘管周人在個別器類上有所創新（如陳夢家先生提到的），「但這種創新在先周階段只是一種嘗試，更多的是繼承。先周青銅文化深深打上了殷商文明的烙印，這是滅殷前先周青銅禮器和殷商青銅禮器不易區分的主要原因」。這段話講得很對。

其實，陳夢家先生提出的那些商周青銅器的差別，有的是陝西寶雞一帶特有的地方特色，有的乃是滅商以後青銅器的新發展。就東方殷商故地來說，武王伐紂推翻商朝前後的青銅器，實在難於劃出一條明顯的界線。商周青銅器是一脈相承的，其間的差異都是細微的、非本質的。

青銅器，特別是青銅禮器的影響繼承，不僅僅是工藝和美術方面的問題。禮器是青銅文化的一種重要因素，突出地表現出禮制以至崇拜思想的性格。在商代，許多諸侯國的文化，有種種特點，但是禮器多與王朝相同或相似，這說明當時存在着比較統一的禮制教化，這是研究古代文化時必須注意的。禮器也反映各地風俗的不同，比如同在商末，殷商小墓青銅器多以爵、觚為主，周人小墓則以鼎、簋為多，這正好證明古書所指責的商人沉湎於酒，並不是禮制的不同。

美國哈佛大學張光直教授在《從夏商周三代考古論三

代關係與中國古代國家的形成》一文中說：「我對三代的看法是這樣的：夏商周在文化上是一系的，亦即都是中國文化，但彼此之間有地域性的差異。」夏文化性質如何，眼前學術界尚有爭議，姑置不論。就考古學上的殷商和周人文化來說，這個見解是中肯的。兩者固然有「地域、時代與族別」的不同，但都屬於中國中原地區（廣義的）的文化。這是我們對兩者試作比較研究的結果。

參考文獻

陳夢家：《西周銅器斷代》（一），《考古學報》第九冊，一九五五年。

李學勤：《商青銅器對西土的影響》，《殷都學刊》一九八七年第三期。

裘錫圭：《釋「無終」》，中國古文字研究會第八屆年會論文。

盧連成、胡智生：《寶雞強國墓地》上冊附錄一《陝西地區西周墓葬和窖藏出土的青銅禮器》，文物出版社，一九八八年。

張光直：《從夏商周三代考古論三代關係與中國古代國家的形成》，《中國青銅時代》，香港中文大學出版社，一九八二年；三聯書店，一九八三年。

李學勤：《夏商周離我們有多遠？》，《讀書》一九九○年第三期。

三

曲阜周代墓葬的兩種類型

　　山東省的曲阜，周代是魯國的都邑，由於是孔子故里而聞名於世。從漢朝起，歷代都對當地文物注意保護，對考古研究是有利的。清代以來，這裏陸續發現過一些青銅器，有的很有價值，例如一九三二年出土的一組魯大司徒元的器物，發現地點就在孔林南面的林前村。一九四二年到一九四三年，日本關野雄、駒井和愛等在曲阜作過試掘。一九五六年後，山東的考古學者多次在該地調查，到一九七七年至一九七八年，又進行了大規模的勘查和發掘，有不少重要收穫。

　　現在知道，曲阜的魯故城大致呈橫長方形，東西約四公里，南北約三公里，已探出城門十一座。這座城始建於西周前期，此後位置沒有變動。我們在《春秋》經傳、《國語》、《論語》中讀到的那些有關魯國的生動故事，都是以這處故城作為舞台的。

　　在魯故城的發掘，獲得了不少墓葬，其中發現有相當
多的周代珍貴文物。發掘者經過整理研究，指出了一個非
常有趣的現象，就是這裏的墓葬，從西周到春秋、戰國，
不是只有單一的演變系列，而是有兩個類型，兩條並行的
演變系列。雖然有一些缺環，但類型間的差異是清楚的。

　　兩個類型墓葬的區別，既表現在埋葬形式上，也表
現在隨葬器物的組合和形制上。後者主要是陶器，介紹起
來未免瑣細，這裏便不說了。前者可引發掘者的話來說
明，他們把墓葬按類型分作甲乙兩組：「甲組西周墓人架
頭基本上向南，向北的是個別現象；乙組西周墓則基本上
向北，向南是個別的。甲組西周墓盛行殉狗的腰坑，有些
小墓雖無隨葬器物，但都有腰坑殉狗，可見此風之盛。相
反，乙組西周墓絕無腰坑殉狗之俗，在三十九座西周墓中
根本不見此現象。……可知乙組西周墓的墓主人，對於腰
坑殉狗的習俗是完全不相干的。在器物的放置方面，甲組
墓基本上放在槨底的棺槨之間，或在頭部，或在身側；乙
組墓多半放在二層台和椁頂上，一般放在頭部。《曲阜魯
國故城》第三章）

　　熟悉中國考古學的讀者，看到這裏一定會有所感觸，
因為墓葬腰坑殉狗乃是眾所周知的一種殷商禮俗，在殷墟
和其他地方的商墓中經常出現。

　　原來，魯國在周初本是在殷人的基礎上建立起來的。

魯地是商朝的奄國。周武王伐紂，取代商朝以後，不久逝世，成王繼位，紂主之子武庚和管叔、蔡叔叛周，奄國也參加了。周公平定叛亂，命長子伯禽到那裏統治，是為魯國第一代國君魯公。《左傳》定公四年記載，封伯禽時，「分魯公以大路、大旂，夏后氏之璜，封父之繁弱（弓名），殷民六族：條氏、徐氏、蕭氏、索氏、長勺氏、尾勺氏，使帥其宗氏，輯其分族，將其類醜，以法則周公，用即命於周，是使之職事於魯，以昭周公之明德。分之土田陪敦，祝宗卜史，備物典策，官司彝器，因商奄之民，命以伯禽而封於少皞之虛」。由此知道，魯國境內本為殷人所居，曲阜是殷人舊地。這些殷人在周代維持他們原有的習俗，是容易理解的。

有腰坑殉狗之俗的甲組墓是殷人後裔之墓，沒有這種習俗的乙組墓則是周人之墓，這一點從墓中出土的青銅器銘文可得證明。乙組墓 M 四十八器物的銘文很多，知道墓主是魯司徒仲齊；M 三十器上也有文字，墓主是魯臣伯悆。他們顯然都是周人。甲組墓 M 二〇二的盤有銘文，說明是魯伯者父為女兒作的媵器，可見墓主娶了姬姓的姑娘，他自己當然不是姬姓的周人。

因此，曲阜的發掘為大家提供了一個難得的例子，足以對殷周文化傳統的並存作出比較研究。希望今後這個遺址的考古工作，更多地注意這方面的情形。

　　魯國有周人、殷人共居，而且在較長的歷史期間各自保持着自己的某些傳統，這是否意味着周人是統治者，殷人是被統治者呢？就上述考古材料看，並不是這樣。兩個類型的墓，沒有明顯的貴賤貧富差別。固然在甲組墓中沒有發現司徒之類的官員，但 M 二〇二的例子表示，殷人能夠同周人的女孩結婚，雙方的社會地位似乎沒有太多差異。

　　殷周兩種傳統的並存，在文獻中還有一個重要證據，就是魯國有兩社。社是地神，古代天子有代表天下土地的社，諸侯有代表境內土地的社。魯國由於是有大功的周公的封國，得用天子禮樂，這是其他諸侯國沒有的，可是這並不成為設兩社的理由。事實上，魯確有兩社，一處叫周社，一處叫亳社。《左傳》載，閔公二年，魯桓公有子將生，請人占卜，卜人説這是個男孩，長大後「在公之右，間於兩社」。兩社在魯外朝雉門以外，周社在右，亳社在左，能夠在兩社之間治事的，便是朝中的大臣。還有定公六年，「陽虎又盟公（定公）及三桓於周社，盟國人於亳社」，所説的也是兩社。

　　很多學者曾指出，魯有兩社，是由於魯國有殷遺民的緣故。楊伯峻先生《春秋左傳注》説：「周社自是魯之國社，以其為周公後也。魯因商奄之地，並因其遺民，故立亳社。」周初分封的諸侯國，有殷遺民的不止魯國一國，

比如衛國，封在紂王故都，更應有殷遺民了，但沒有記載說衛有兩社。看來魯國的設亳社，是有意容許殷人傳統在某種程度上繼續存在，乃是一種明智的政策。曲阜發掘的種種跡象，恰好印證了這一點。

亳社在什麼地方呢？是在雉門外的左面，宗廟的外邊，所以《春秋穀梁傳》說：「亳社，亳之社也。亳，亡國也。亡國之社，以為廟屏，戒也。」亳是地名，商湯的都邑，所以把商亡以後的社叫做亳社。把亳社建在魯國宗廟的外面，成為宗廟的屏障，表示商已經亡了，有告誡後人警惕的意思。同時社本應是露天的，「以達天地之氣」，亳社卻罩在屋內，只在北牆上留一個窗子（見《穀梁傳》及《禮記・郊特牲》）。或許將來在曲阜的考古工作中，能找到這處亳社的遺址。

很久以來，研究殷墟甲骨文的學者認為甲骨卜辭也有「亳社」。下面我把有關的卜辭抄出來，供大家研究。引書的《合集》指《甲骨文合集》，《屯南》指《小屯南地甲骨》：

於亳社御。（《合集》三二六七五）
辛巳貞，雨不既，其燎於亳社。（《屯南》六六五）
癸丑卜，其侑亳社，惠牛。（《合集》二八一〇六）
戊子卜，其侑歲於亳社三少牢。（《合集》

二八一〇九）

　　……亳社，饗。（《合集》二八一〇七）

　　其侑燎亳社，有雨。（《合集》一八一〇八）

　　其方褅，亳社燎，惠牛。（《合集》二八一一一）

　　這些卜辭不太好懂，但大家容易看出，對「亳社」多用燎祭，即焚燒犧牲的祀法，其目的多為求雨。

　　其實，甲骨文的這些材料並不是「亳社」，問題是「亳」這個字釋錯了。請看《屯南》五十八卜辭：

　　其禱於膏社。

　　「膏」和「亳」是沒有辦法通假的，可見「亳」字的釋法實有疑問。

　　被大家誤認為「亳」的字，從「高」省，從「屮」，應為「蒿」字，因此可同「膏」字通假。「蒿」就是「郊」，《周禮·載師》注便講到「蒿」、「郊」的通用。「郊社」在古書中常見，如《尚書·泰誓》、《禮記·仲尼燕居》等都有這個詞。讀者如把上面引的卜辭「亳社」都改正為「郊社」，意思就更明白通順了。總之，商代沒有亳社的稱呼，只是到了商亡以後，在魯國才出現亳社這一事物。

　　魯國的殷人，經過與周人長期共處之後，本身的特點

逐步減弱。前面說過的腰坑殉狗的葬俗，在春秋時期便漸歸消滅了。這是殷人、周人文化傳統趨向融合，界限慢慢泯除的表現。現在還沒有在曲阜找到戰國時期的甲組墓，這究竟是未能發現，或是戰國時已沒有維持殷人傳統的墓葬了，是一個值得考慮的問題。

本節的討論，為商周文化的比較研究提出了一些值得思考的啟示。

早在春秋時代，孔子已經講過商周禮制的因革問題，孔子本身是殷人之後，他又精於周禮，因而他對這一問題的見解是有權威的。《論語·為政》載：「子張問十世可知也，子曰：『殷因於夏禮，所損益可知也；周因於殷禮，所損益可知也；其或繼周者，雖百世可知也。』」所謂「禮」，就是各種制度。孔子認為夏、商、周三代的制度，是有所區別，但僅不過是「損益」的關係，基本上仍是一脈相承的。夏禮如何，我們了解的不多，殷商的禮，通過考古發掘和古文字學的研究，目前的知識已頗可觀。對比商周禮制，應該承認孔子的話是合於事實的。

哈佛大學張光直先生在《從夏商周三代考古論三代關係與中國古代國家的形成》文中寫到：「夏商周在文化上是一系的，亦即都是中國文化，但彼此之間有地域性的差異。」在另一篇題為《中國青銅時代》的文章中，他又說：「根據現有的文獻與考古證據來看，三個朝代都以一

個共同的中國文明為特徵。這不但在這個文明的早期階段——夏和商——包括地域較小時是如此，而且在較晚的階段，如青銅器的廣泛分佈所示，其領域伸展到包括華南廣大地區在內的中國全部時也是如此。」（均見《中國青銅時代》一書）這就是説，三代的差異是次要的，一貫性才是主要的。

曲阜魯故城墓葬的發現告訴人們，殷人和周人的文化有差異，而且這種差異保持了好幾百年，在魯國仍是可見的。然而發現也證明，這種文化差異自始至終是比較細微的，並不存在什麼根本的不同。我們就殷商和周人的文化作比較考古學的研究，不可忘記這一基本的事實。

參考文獻

山東省文物考古研究所、山東省博物館、濟寧地區文物組、曲阜縣文管會：《曲阜魯國故城》，齊魯書社，一九八二年。

新美寬：《魯の亳社に就いて》，《支那學》八—四，一九三六年。

小南一郎：《亳社考》，《殷墟博物苑苑刊》創刊號，一九八九年。

張光直：《中國青銅時代》，三聯書店，一九八三年。

李學勤：《夏商周離我們有多遠？》，《讀書》一九九〇年第三期。

四

規矩鏡、日晷、博局

　　規矩鏡是漢代銅鏡的一大門類。鏡背上面的花紋有
T、L、V 形各四個，因而西方學者稱之為 TLV 鏡。這種
銅鏡又可分為若干種，最多見的是四神規矩鏡，鏡背中間
有方鈕座，周圍有青龍、朱雀、白虎、玄武四神及 TLV
花紋，環以圓圈形的邊緣。圖一所示，就是一面典型的這
種鏡。

　　TLV 花紋有什麼意義，長期以來是困擾着考古學和
美術史學者的一大問題。迄今為止，中外論著提出的見解
已有十來種，始終莫衷一是。這些看法，如果一一介紹，
會使您感到繁瑣。讀者如有興趣，可參看樋口隆康《古
鏡》或孔祥星、劉一曼的《中国古代銅鏡》。這裏只討論
學術界最有影響的兩種看法，即日晷説和博局説。

　　日晷説的提出者是英國的葉慈（W. Perceval
Yetts）。一九三九年，他在倫敦出版了《柯爾中國銅器

集》（*The Cull Chinese Bronzes*, Courtauld Institute
of Art, University of London, 1939）一書，圖版 XXXI
有一徑二十一厘米的四神規矩鏡，葉氏定其年代為王莽時
期。他根據日本學者對樂浪出土品的研究，認為鏡上圖
形類似數術用的式盤，接着引用端方和懷履光（William
White）收藏的兩件漢代石日晷，指出上面也有 TLV 花
紋。葉氏的結論是，這種花紋具有宇宙圖形的性質，並建
議稱之為「日晷鏡」。

　　葉慈教授的這一看法，為許多人，特別是海外學者所
接受，不少論作對葉說作了闡發和補充。他們提到，規矩
鏡上的方座象徵地，圓緣象徵天，四神代表星宿，這顯然
是一幅當時人心目中的宇宙圖形。

圖一　四神規矩鏡

　　葉氏在他的書裏，已經注意到 TLV 花紋和博局的關係。「博」即六博，是中國古代非常流行的一種遊戲，常與「弈」即圍棋並稱。古書有很多關於博的記載，可惜的是它究竟怎樣玩，卻早已失傳了。和棋盤相似，博也用一種方形的盤，就是博局。漢代的畫像石上，屢次出現博戲的景象，所用博局上面的花紋，正同於銅鏡的 TLV。日本的中山平次郎、法國的沙畹（É. Chavannes）都對這種畫像石作過研究。一九三七年，美國卡普蘭（Sidney M. Kaplan）在論文《論 TLV 鏡的起源》（*On the Origin of the TLV Mirror*, Revue des Art Asiatiques, Tome XI, I, 1937）中也討論到有關問題。不過，他們和葉慈都沒有主張 TLV 的性質就是博局。

　　四十年代，在美國的楊聯陞先生在《哈佛亞洲研究雜誌》刊出《所謂 TLV 鏡與六博小記》（L. S. Yang, *A Note on the so-called TLV Mirrors and the Game Liupo*, HJAS, IX, 1945），對畫像石上的博局作了明確的考證。他更進一步認為 TLV 鏡上的花紋同於博局。博局說至此已告形成了。

　　近年主張博局說的論著，舉出了一些新的考古證據。

　　在田野考古中，業已發現了不少秦漢時期的六博用具，包括保存良好的博局實物。這使我們看到，所有的博局上面，都有 TLV 這樣的花紋，不過博局是方形的，與銅

鏡之為圓形不同。一九七九年發表的熊傳新《談馬王堆三號西漢墓出土的陸博》（《文物》一九七九年第四期）說：「博局通體髹黑漆，再用朱色雙線勾出格道和圖案，在漢代銅鏡上的這種紋飾，人們稱為『規矩紋』，並把這種銅鏡，叫做規矩紋銅鏡。現在看來，也可以稱為『博局紋銅鏡』。」

一九七四年，在河北平山的戰國中山王墓的陪葬墓中，發現了長四十四點九厘米、寬四十點一厘米的大型博局，是用石板雕成的，上面也有 TLV 花紋。這座墓的年代，可估計在公元前三二〇年左右，所以這是現已出土的最早的博局。一九八一年，這件石板博局在日本展覽，圖錄《中山王國文物展》說：「由本器看來，漢代所謂『規矩紋鏡』實際上是六博紋鏡。」看法與上引熊氏相同。

博局說到一九八七年又有新的發展，表現於一九八七年第十二期《考古》刊佈的周錚《「規矩鏡」應改稱「博局鏡」》一文。周氏在整理中國歷史博物館收藏的銅鏡拓本時，找到一面四神規矩鏡，其銘文是新有善銅出丹陽，和以銀錫清且明，左龍右虎掌（？）四彭（方），朱爵（雀）玄武順陰陽，八子九孫治中央，刻具博局去不羊（祥），家常大富宜君王。」銘文詳細解說了鏡上的紋飾，龍、虎、朱雀、玄武是四種神，八子九孫是鈕座上面和周圍的乳釘，博局當然便是指 TLV 紋了。因此，文章「建議今

後應將『規矩鏡』改稱『博局鏡』」。

博局說看來很有道理，但是銅鏡上為什麼要有博局的圖案呢？博局怎麼會和代表天上星宿的四神（有時還有表示方向和時辰的十二地支）結合在一起呢？博局說尚未能回答。周錚對這一點也不滿足，「認為除博局的形狀有濃厚的圖案趣味外，恐怕博局本身還蘊藏着一些深刻的含意」。

博局的含意是什麼，這就又要回到日晷說了。

應該注意到，日晷說的提出是把銅鏡和日晷這樣兩種表面上看來渺不相關的文化遺物聯繫起來，進行比較研究。現在我們還是應該從這裏入手。

漢代的石日晷到現在一共發現有三件，它們是：

一、端方舊藏，一八九七年山西托克托城（今內蒙呼和浩特南）出土，現陳列於北京的中國歷史博物館。這件日晷的邊長是二十七點五厘米乘二十七點六厘米，中央有立表的圓孔，外面有一圓周線，上有六十九個刻度，各有一立「游儀」的小孔。TLV 紋即疊刻於刻度之上，較為草率，不是同時所刻（圖二）。

二、懷履光舊藏，一九三二年河南洛陽金村南出土，現在加拿大多倫多的皇家安大略博物館。這件日晷邊長二十七點零四厘米乘二十七點六八厘米，形制、圖案均與端方一件相似，但是一次刻成的，TLV 紋規整精細。

三、周進舊藏，著錄於《居貞草堂漢晉石影》書中，

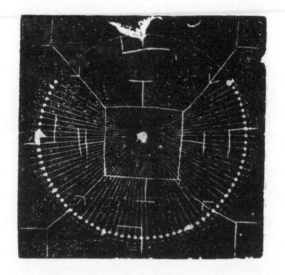

圖二　石日晷

僅殘存一小部分，但仍可看出原來圖案和上兩件相同。殘
石傳出土於山西右玉，這一地點與托克托相距較近。

　　陳夢家先生曾經指出，端方、懷履光的兩件日晷大小
相仿，但圖案中的圓周線直徑略有差別，前一件為二十三
點二厘米至二十三點六厘米，後一件為二十四點五厘米，
分別近於西漢或東漢的一尺。這暗示兩器的年代可能有所
不同，是很重要的。

　　石日晷是一種意義重大的儀器，又體大質重，不可能
同時用作博局，更沒有理由把博局的花紋刻在上面。日晷
的用途是根據太陽的運動測度時間，其圖案的意匠應該如

孫機先生文所説，是「象徵天宇」。TLV 紋是古人思想中的天宇框架，太陽即在其間運行。

日本京都大學的小南一郎先生在一九八七年撰有《六博的宇宙論》一文，專門討論了博局圖案的宇宙論性質問題。他根據大室干雄對圍棋的研究，説明圍棋有宇宙論的象徵性，六博的局上也描繪着「象徵天地構造的圖形」。（附帶説一下，象棋黃河為界的圖形也象徵着古人心目裏天下大地。）

博局上的圖案象徵天宇框架，其實是明見古書的，只是沒有人加以注意罷了。有關記載乃是《尸子》的一條佚文，見於《文選》卷二十九左太沖《雜詩》注，文為：「八極為局。」「局」即博局，這是説博局上有「八極」的形象。

《尸子》的作者是尸佼，戰國時期魯國人。他作過秦相商鞅的賓客，受到商鞅師事，參與政事。商鞅被誅之後，他逃亡蜀地，最後死在那裏。尸佼的生卒年代，錢穆《先秦諸子繫年考辨》估計為公元前三九〇至公元前三三〇年，這和平山中山墓的石板博局的時代相差不多，可見《尸子》所説的博局，上面的圖案也應是 TLV 紋。

「八極」這個詞，除《尸子》外，又見於《荀子》等書。《荀子·解蔽》篇云：「明參日月，大滿八極。」可知「八極」為天地的邊際。《淮南子·地形》篇云：「天地之間，九州八極。」高誘注：「八極，八方之極也。」《地形》

篇還詳述八極之名，東北為方土之山，稱蒼門；東方為東
極之山，稱開明之門；東南為波母之山，稱陽門；南方為
南極之山，稱暑門；西南為編駒之山，稱白門；西方為西
極之山，稱閶闔之門；西北為不周之山，稱幽都之門；北
方為北極之山，稱寒門，「凡八極之雲，是雨天下；八門
之風，是節寒暑」。此外，《山海經·大荒南經》注引《啟
筮》一書，也說：「空桑之蒼蒼，八極之既張，乃有夫羲
和，是主日月，職出入以為晦明。」綜合這幾種記載來
看，「八極」實指支撐天宇的八座山，是天地間的維繫。
《淮南子·天文》篇說，共工「怒而觸不周之山，天柱折，
地維絕。天傾西北，故日月星辰移焉；地不滿東南，故水
潦塵埃移焉」。撞斷的就是「八極」中的西北一極。

　　《鶡冠子·天則》篇云：「舉以八極。」陸佃注：「八
極，八方之極，田中四角是也。」所以 TLV 紋分佈在四
面八方，正是八極的象徵，與《尸子》所述相合。

　　因此，日晷說和博局說實際不但不互相衝突，而且相
為補充。日晷、博局、銅鏡三者，看來風馬牛不相及，經
過比較研究，都體現着古人的宇宙觀念。TLV 紋如果要
找一個有典據的詞代替，似乎最好叫做八極紋。

　　八極紋的銅鏡，在漢初已頗多見，王莽前後更為盛
行，這和天文數術的傳播大有關係。三國以後，這種花紋
逐漸變形和衰落，日本也有仿製這種銅鏡的，其 L 紋多與

中國原品逆反，是其特點。

　　直到唐代，還有八極紋的遺存，如一種四神鏡，方鈕座，有四神形像，但只有 V 而沒有 T 和 L 紋了。日本京都國立博物館的一件，係永徽元年（公元六五〇年）所製，守屋孝藏氏舊藏。類似的出土品，有河南臨汝孫村所出的，見洛陽博物館編《洛陽出土銅鏡》（文物出版社，一九八八年）七二。

　　一枚小小銅鏡，上面的圖形卻包涵天地，這是中國文化的特色之一，頗能啟人深思。不過，如果我們不把銅鏡、日晷、博局這三種看來風馬牛不相及的事物互相比較，是不能揭示個中真相的。

參考文獻

傅舉有：《論秦漢時期的博具、博戲兼及博局紋鏡》，《考古學報》一九八六年第一期。

陳夢家：《漢簡年曆表敘》，《漢簡綴述》，中華書局，一九八〇年。

孫機：《托克托日晷》，《中國歷史博物館館刊》總第三期，一九八一年。

小南一郎：《六博の宇宙論》，《月刊百科》一九八七年第七、八期。

京都國立博物館：《守屋孝藏蒐集方格規矩四神鏡圖錄》，一九六九年。

三星堆與大洋洲（上）

　　《求索》雜志的一九八一年第二期，刊出了湖南省博物館館長高至喜的論文《「商文化不過長江」辨》。這是一篇很有啟發意義的文章，只是由於刊物流傳不廣，特別是在海外學術界還很少有人注意。

　　論文指出：「在過去一個較長的時期裏，許多學者把商王朝的勢力範圍和文化影響的南界都定在湖北或長江，很少有涉及湖南或江南的。……究竟商文化是否渡過了長江、延伸到湖南境內？這對研究中國古代史具有重要的意義」。商文化的影響有可能過江，這在以往某些學者看來，簡直是荒謬的狂想。有的著作甚至把《楚辭》的地理背景搬到江北，怎麼能想像江南有商文化的影響呢？

　　事實上，江南早就有商代文物發現，湖南境內尤為集中。如高文所述，二三十年代湖南即出土商代青銅器，受到注意。安化的虎食人卣、桃源的方彝、寧鄉的方尊，是

著名的例子。近四十年來，湖南出土商代青銅器的地點，遍及石門、華容、岳陽、寧鄉、長沙、湘鄉、安化、湘潭、醴陵、衡陽、邵陽、常寧等市縣，不能縷數。同時，在石門、澧縣、岳陽、辰溪、瀏陽、寧鄉、長沙、安仁、衡山等地，又先後發現商代遺址或者採集到帶有商文化特徵的遺物。南方的其他省區，包括廣西，也或多或少有類似的發現。商文化影響的遠及南方，已經有無可辯駁的證據。

可是，商文化在南方的影響，還不能只從有關遺存的廣泛存在來論證。我們知道，中原地區的商文化是豐富多彩的，以商代晚期的都邑殷墟來看，不僅有廣大的居住遺址、作坊遺址，而且有大型的墓葬，蘊藏的隨葬品極為精美，表明了當時生產和美術的發展高度。必須在南方也找到規模相當的商代遺存，才能證實當地文化的繁盛發展。

最近，終於有兩處重大發現，其規模足與殷墟的大墓媲美。這就是成都平原的廣漢三星堆和江南贛中的新干大洋洲。

讓我們先談廣漢三星堆。

廣漢縣位於四川省成都東北不遠的地方。三星堆所在的古代遺址，並不是近年剛發現的，而是中國考古學史上早期發現之一。這裏最早受人注意，是在一九三一年（或說一九二九年，恐不確）。當時有名叫燕道誠的農

民，在家旁一條溝底挖出一坑玉石器，有大小石璧及玉
圭、玉璋、玉瓊、玉斧等三四百件。器物一部分，當時為
華西大學博物館所收藏。一九三四年，該博物館的葛維漢
（D.C.Graham）、林名均曾在當地試掘，後有報告發表。

試掘剛剛結束，郭沫若先生在日本得知訊息，即寫
信索取有關資料。他在收到資料後，一九三四年七月致函
林名均說：「你們在廣漢發現的工藝品，如方玉、玉璧、
玉刀等，一般與華北和中原地區的出土物極相似。這就證
明，西蜀（四川）文化很早就與華北、中原有文化接觸。
在殷代甲骨文上就載有『蜀』稱，武王伐紂時，蜀人協助
周王作戰。此外，在廣漢發現的各種陶器是極古老的器
型，你們判斷為周代早期的文物，也許是可靠的。現在我
只能說這麼多。有朝一日四川別處會有新的發現，將展現
這個文化分佈的廣闊範圍，並且肯定會出現更可靠的證
據。」他的這個預期，後來果然得到實現。

葛維漢一九三六年刊佈的《廣漢發掘簡報》裏，曾這
樣描寫燕道誠家附近的地形：「燕家附近的一個小山旁，
有個大半圓形彎曲地，好似一輪明月，名叫月亮灣。……
南面較遠處有座小山，有三個小圓丘，把它們視作星座，
稱這些土墩為三星堆。」三星堆之名，在此已經出現了。
現在知道，燕家所在，即現在大家熟悉的真武村燕家院
子，是在遺址的中心區。這一帶由後來陸續發現的石璧半

成品、玉磨石等物看，乃是玉石器作坊遺址。

鄭德坤先生在一九四六年出版的《四川古代文化史》書中，以《廣漢文化》為章題，對通過上述發現揭示的文化作了討論。三年以後，他在福州的《協大學報》上發表論文，依遺址附近地名，稱這種文化為「太平場文化」。

五十年代以來，四川省文物管理委員會、四川大學歷史系等單位，多次在該遺址調查和試掘，有不少收穫。現藏在四川大學博物館、四川省博物館的三十年代發現的文物，也有學者重新觀察研究。一九八〇年到一九八一年，考古工作者在三星堆作了規模較大的發掘，除大量陶器、石器外，發現有房屋基址、灰坑、墓葬等。發掘者在研究了遺址的文化特點後，把這種文化命名為「三星堆文化」。他們還指出，三星堆遺址的年代大致在新石器時代晚期以至商代，同時這種文化在成都、雅安、漢源、關中等地都有分佈。

一九八六年，在三星堆發掘了兩座大型的器物坑。兩坑相距不過三十米，都是長方形，一號坑長四點六四米，寬三點四八米；二號坑長五點三米，寬二點三米。坑中出有大量青銅器、玉石器、陶器、象牙、骨器、海貝，還有少數金器等物。這項發現的訊息，很快就傳遍海內外學術界。

三星堆這兩座器物坑的年代，有相當明確考古學依

據。一號坑的坑口在第 II 發掘區的第六層下，二號坑的坑口則在同區的第五層下，所以兩者並不是同時的。按照發掘者所作遺址分期，第六層屬於遺址第三期的後段，第五層屬於第四期的前段。據稱已有的碳十四測定的年代數據，第二、三期的幾個資料都在距今四千年至三千五百年之間，第四期的一個資料為距今三〇〇五正負一〇五年，有關第三期的資料可能偏早。結合器物類型考察，一號坑應相當殷墟早期，二號坑相當殷墟晚期。

　　兩座坑中的器物，多有經過焚燒的跡象。在一號坑裏，還發現了將動物燔燒砸碎造成的骨渣，雜有竹木灰燼。發掘簡報據此推測，這是古代舉行燎祭的遺跡。按照古書記載，燎是用柴焚燒祭品，主要是對天的祭祀方式。這一推斷，應屬可信。

　　一號坑中出土的文物，有幾種珍貴的金器，都是以金箔製就的。一件金面罩、一件金虎形飾，均有捶壓的紋飾。又有一件金杖，是把金箔包捲在木柄外，上端安裝銅製龍首形飾。杖的金箔表面，有平雕的人面、鳥、魚等圖案，十分精細，是難得的美術品。

　　青銅器有尊、罍、盤等容器多件，但更引人注目的，是若干型式各異的青銅人面，這些人面五官的模樣，和中原地區所見人面造型頗有差別。另有一件全身人像，頭上有高髻，身穿衣褲，作跽坐狀。

圖三　銅人

玉器有平端的圭、岐端的璋，還有戈、瑗等物，都是加工精細的禮玉。不少圭、璋或戈，內部和援部之間雕有非常細緻的花紋和闌飾。有的璋岐尖之間有鳥形，璋援上還線刻出璋的圖形，真是匪夷所思。還有柳葉形的玉劍。

二號坑出有更多的文物。以象牙為例，一號坑有十三根，二號坑則有六十多根。這一坑中的青銅器，以出土件數計，達到四百三十九件之多。其中最突出的，是一件高達二點六米的銅人。這尊銅人（圖三）有高帽長衣，卻是赤足。他站在有扁足的雙層台座上，雙手作持物形。從臂部姿勢和手指呈圈形看，原來手間應插有木質的柄杆，所以銅人實際是一種大型的器座。

青銅的人面、人首也很

多。最巨大的一件人面，竟寬達一點三八米，高零點六五米。其耳翼伸長，眼珠凸出，大約是表示有千里眼、順風耳的神力。額頭和臉側都有方形釘孔，看來本是固定在木製軀體上的。較小的人面、人首，尺寸不一，裝飾也各異，或辮髮，或戴冠，有的還束有髮髻。小型全身人像有八件，有的也是附着在其他器物上面的，另外，又有幾件獸面。

坑內有青銅的「神樹」，業已殘碎，不能完全復原。由底座知道應為兩株，其一座上有人形。樹的枝莖上有龍和種種鳥獸，有花、葉、果實，並有懸鈴。

青銅容器有尊、罍、方彝等類。兵器有一種兩側有子刺的戈形器，是前所未見的，件數較多。

玉器有璋、戈、瑗、環等多種。岐鋒的璋，形狀和過去三十年代發現的接近。有一種斜端的石璋，上面刻有人、山、璋形等花紋。

由以上不完全介紹，讀者可以知道，三星堆器物坑中的文物，多數是充滿地方特色的，同時其青銅器、玉器又明顯地反映出中原商文化的影響。成都平原在古代是蜀國的中心。蜀是一個起源很早的諸侯國，《大戴禮記‧帝繫姓》、《山海經》、《世本》、《華陽國志》等書記載，黃帝之子昌意娶蜀山氏之女，生顓頊。《華陽國志》又說，帝嚳封其支庶於蜀，「世為侯伯，歷夏、商、周」。這些傳

說，表明蜀國和中原有着比較密切的關係。三星堆的考古發現，正證實這樣關係的存在。

觀察三星堆的青銅器，可以發現一些有趣的現象。一號坑出的龍虎尊，飾有虎食人的圖案，很像一九五七年安徽阜南朱砦發現的一件，但細看其紋飾風格比阜南的尊略晚，二號坑的四牛尊、三羊尊，折肩上有伏鳥，高圈足，足壁向外膨出，與中原的不同。和它們類似的，有湖南華容、湖北棗陽、陝西城固出土的幾件，尤其華容、棗陽的更為酷肖。二號坑的四羊罍，腹部作直筒形，也接近湖南岳陽、湖北沙市的出土品。由此可見，三星堆青銅器所受商文化的影響，有可能是自湖北、湖南沿江而上傳來的。

自古盛稱蜀道之難，但我們以三星堆的蜀文化與中原的商文化比較，證明兩者間交往是暢通的。商文化的影響相當迅速地到達蜀地，這對古史研究而言，是一個重要的發現。

參考文獻

D. S. Dye（戴謙和）, *Some Ancient Circles, Squares, Angles and Curves in Earth and in Stones in Szechwan*, Journal of the West China Border Research Society, 4, 1934.

D. C. Graham, *A Preliminary Report of the Han-chou Excavation*, Journal of the West China Border Research Society, 6, 1936. 有沈允寧中譯本：

葛維漢：《廣漢發掘簡報》，四川省文物管理委員會、四川省文物考古研究所印。

Cheng Te-K′un, *The T′ai-p′ing-ch′ang Culture*, Szechwan, Studies in Chinese Archaeology, The Chinese University Press, Hong Kong, 1982.

四川省廣漢市文化局編印：《廣漢三星堆遺址資料選編》（一），一九八八年。

四川省文物管理委員會、四川省文物考古研究所、廣漢市文化局、文管所：《廣漢三星堆遺址二號祭祀坑發掘簡報》，《文物》一九八九年第五期。

李學勤：《商文化怎樣傳入四川》，《中國文物報》一九八九年七月二十一日。

三星堆與大洋洲（下）

下面，我們再來談新干大洋洲。

新干（舊作新淦）縣位於江西省中部，瀕臨贛江。一九八九年秋，該縣大洋洲農民在程家沙洲取土，修護江堤，掘獲一些青銅器。考古工作者隨即前往發掘，至十二月結束，證明是一座規模宏大、內容豐富的商代墓葬。出土品經過精心整理修復，在一九九○年十一月於南昌展出，並由江西省文化局、江西省博物館舉行了新聞發佈會。

要討論新干大洋洲的這座大墓，也應對該地區的有關考古工作作一回顧。江西這個地方，過去很多人以為古屬「荒蠻」，無古可考。四十年代中期，新干北面不遠的清江縣有一位教師饒惠元先生，利用業餘時間，進行考古調查，發現了許多新石器時代以來的遺址，開拓之功實不可沒。可是，那時還沒有人能夠想到，商代在清江一帶會有

發展較高的文化。

　　一九七三年，在清江縣（樟樹鎮）西南的吳城發現了商代文化遺址，發表後曾在考古界引起一定的轟動。這處遺址面積約四平方公里，有一座被稱作「吳城」或「銅城」的古城（城垣本身的情況尚待報導），其面積有六十一萬平方米，從一九七三年到一九七九年間進行的五次發掘，除在古城裏面找到房屋基址、灰坑等外，還發現有陶窯和鑄銅石範，墓葬則多在古城以外南面。

　　吳城遺址出土了許多陶器、原始瓷器、石器，也有一些青銅器和玉器，發掘者經過研究後，把這裏的文化稱為吳城文化，並劃分為三期：一期相當於中原商文化的二里崗期上層，二期相當於殷墟早中期，三期相當於殷墟晚期甚至西周初。吳城的出土器物以及房屋基址、墓葬都與中原的相近，「這說明吳城遺址與中原文化之間有着極為密切的關係，它的主要堆積的三期和河南從二里崗到小屯的商文化的發展過程也頗為相似」。（《江西清江吳城商文化遺址發掘簡報》）當然，吳城文化是有明顯的地方特點的，例如印紋陶、原始瓷器的大量出現等，是中原商文化所未有。

　　吳城遺址及其附近，先後發現若干青銅器，其中較重要的有：遺址採集的鳥首鈕器蓋，遺址南正塘山出土的目雷紋斝、戈、矛，遺址東北鋤獅腦出土的扁足鼎。這些器

物除器蓋或可稍早外，都屬於吳城二期。兩件扁足鼎最為精美，淺腹上都飾有饕餮紋。一件立耳上有虎形，腹下是虎足；另一件立耳上為鳥形，腹下也是鳥足，甚是別致。它們的花紋，同殷墟早期器物十分接近。

吳城遺址還有一個特點，就是有很多陶文。據報導，陶文中最多見的是「戈」字，可以肯定是當地的重要族氏。還有幾件陶器，上面的文字較多，有的目前尚難解讀，有的則很清楚是和殷墟甲骨文一樣的文字。這可以說是這處遺址和中原商文化有密切關係的最好證明。

吳城文化的分佈相當廣泛，從贛西北到贛中，已經調查到不少遺址。甚至贛南的贛縣等地，也有類似的發現。不過，在十幾年間，在吳城和其他地方都沒有出現大型墓葬，沒有發掘到成組的珍貴文物，如殷墟那樣，所以對當地的文化發展程度仍然存在懷疑。現在，新干大洋洲大墓的發現，把人們的觀感一下子改變了。

大洋洲大墓是一座東西向的豎穴墓，原來可能有封土，一棺一槨，槨室長八點二二米，寬三點六米，東西端有二層台。棺在槨室中央，墓主屍骨無存，但槨室出有人齒，分屬三個個體，當係殉葬人的遺跡。隨葬品有青銅器四百八十多件、玉器一百餘件、陶器三百多件等，可謂洋洋大觀。

這座大墓的規模，不妨與殷墟的各座陵墓作一對比。

殷墟侯家莊西北岡到武官村一帶的大墓，是商代晚期的王
陵。其中最大的如西北岡一〇〇一大墓，自然比大洋洲大
墓宏偉許多。可是這些陵墓早已被盜，即使有些剩餘隨葬
器物，也寥寥可數，只能想像原來的豪華豐富。迄今殷墟發
現的未經觸動的王室墓葬，僅有一九七六年發掘的小屯五號
墓，即著名的婦好墓，墓主是商王武丁的王后。婦好墓也
是豎穴墓，南北向，長五點六米，寬四米，一棺一椁，有
二層台，棺在椁室中部偏南，未見墓主屍骨，殉人至少有
十六人。隨葬品有青銅器四百六十八件（銅泡未計）、玉器
七百五十五件、象牙器三件、陶器十一件及石器、骨蚌器、
海貝等。大洋洲大墓的形制比婦好墓大，而殉人較少。青銅
器的數量，兩墓大體相當。玉器則婦好墓較多，可能是由於
墓主是女子。至於陶器，大洋洲大墓就多得多了，這大概是
因為當地盛產陶瓷（指原始瓷器）的緣故。總的看來，大洋
洲和殷墟婦好墓可謂是南北輝映，不相上下。

　　大墓和吳城遺址的聯繫，是顯而易見的。墓中隨葬的
成批陶器，和吳城所出土的相一致，有着一樣的陶文，都
屬於吳城二期。青銅器中的扁足鼎，和上述鋤獅腦所出也
作風相同。吳城距大洋洲大墓不過只有二十餘公里，它們
之間的關係，很可能是都邑和墓地，就像殷墟的小屯和侯
家莊那樣。我們研究當時的吳城文化，必須把兩者結合在
一起來考察。

關於大墓出土器物，至少有以下幾點，值得特別注意。

第一，墓中有不少大型器物，如青銅器有高達一點一米的大甗和零點九七米的大方鼎，陶器也有大尊等，都表現了宏偉的氣魄。這可以看到墓主擁有雄厚的財力，也反映出當時社會生產的發達。

第二，墓中有些器物，是墓主身份、威權的象徵。例如大鉞，代表着兵刑的權力。還有青銅的帶柄觚形器，是舉行隆重的祼禮所用的瓚，也不是一般墓葬中所能有的。看來墓主應屬於方國諸侯一級。

第三，相當多的器物體現了很高的工藝水平。比如一件細頸方卣，腹上有相通連的穿孔和管道，可能是便於燙酒而設計的。這樣複雜的形制，究竟如何用範鑄法造出，很需要研究。又如一件瑪瑙人，頭後有三個鏈環，是以整塊材料掏雕而成的，在商代玉器中前所未見，令人瞠目。

第四，青銅器中有水平頗高而且成組成套的工具和農具。工具除常見的木工工具外，有的還可能是皮工用的工具。另外有些形制特殊的，用途尚有待鑒定。農具也很多，包括鏟（錢鎛）、耒、耜、犁、鐮等種，相當齊備。以前學術界多認為古代不廣泛使用青銅農具，由此足以袪疑。特別是大墓中的多件鐮刀，與後來流行於長江地區的青銅鐮有直接關係，更表明青銅農具有久遠的淵源。

　　第五，大墓中的青銅器，既有強烈的中原影響，又有明確的地方特色。大方鼎等器物，形制、紋飾、工藝都與中原商文化二里崗期的相似，另外又有一些器物，表現出較晚的特點，如方卣就很像殷墟小屯 YM 三三一的一件。這種新舊風格交互並存的現象，正好與中原的殷墟早期相同。

　　青銅器的地方因素，照例在兵器、用器上表現較多，大洋洲大墓的情況也是如此，一些異形兵器為中原所未有。如一側的翼特大的箭鏃，前此僅在海外見到一件，當時詫為奇觀，哪裏想到是商代的東西？

　　談到大洋洲大墓的地方因素，在目睹實物以前，由於新干以及清江一帶距離湖南不遠，總猜想大墓的出土品應近於湖南的器物。等到仔細檢視，接近湖南的地方竟意外地少。以青銅器來説，和湖南所出仿佛的只有少數幾種。如樂器的鎛和鐃，本來是南方特有的，但這裏的鎛形制、紋飾都有自己的特點；鐃則更近於東南地區的，與湖南的差別較大。

　　從大洋洲大墓知道，中原商王朝同贛西北、贛中地區有着密切的交往關係。根據近年的考古工作，在江西省北端的瑞昌，有大規模的古代礦冶遺址，其開採年代可上溯到商代中期。這處銅礦，可能不僅為江西當地提供金屬材料，而且是商王朝所依靠的重要原料產地之一。中原到江

西的通道，對商朝的青銅文化恐怕起着命脈的作用。

吳城遺址發現後，唐蘭先生曾推想那裏在商代是越人的居住地。最近，彭適凡等江西學者更推闡此說。唐先生引古本《竹書紀年》所載，周穆王「三十七年，伐越，大起九師，東至於九江」。按古代九江不止一地，《晉太康地記》引漢代劉歆說，九江即注入彭蠡澤（今鄱陽湖）的湖漢水（今贛江）及其八條支流。吳城、大洋洲都在這個區域，所以越人說是有根據的。

可惜的是，目前我們還無法考定吳城、大洋洲所屬方國的名稱。這主要是因為古書中江西這一帶的古地名太少，當地又沒有較多的銘文發現。實際上，吳城陶文中為這個問題還是提供了一些線索。有一件灰陶缽，外底刻有「峕田（甸）人且（祖）」四字，甸人是管理郊外田野的職官；又有一件黃陶罐，肩上刻有「峕相且（祖）之宗」等字，相也是官名。這兩條陶文可以理解為峕國的相和甸人祖廟用器的標記。這項考釋假如不誤，峕就是當地方國的名稱。這自然需要更多材料，才能加以證實。

以上我們介紹了四川廣漢三星堆、江西新干大洋洲兩地的重大發現，並以之同中原的商文化作了比較。這兩個地方距中原都非常遙遠，可是事實證明，它們和中原的文化交往是相當密切的。經過比較研究，還可以說，當時這種文化交往的道路是暢通的，影響傳播並不需要較長的時間。

　　三星堆和大洋洲也有一定的差異。在三星堆，當地民族（蜀人）的色彩要比大洋洲更濃厚。這說明蜀國立國早，文化的傳統也更能維持久遠，而大洋洲一帶的越人則更多地被中原文化所浸潤。他們後來的結局也不一樣：蜀國直到戰國還是具有獨特文化的諸侯國，後雖為秦所滅，文化特點一直流傳至漢；贛西北、贛中地區至東周成為「吳頭楚尾」，原有的特點業已消失了。

　　商代南方的文化確實已相當繁盛，相信不久會有更多新發現的訊息。

參考文獻

《江西新干發現大型商墓》、《絢麗多姿的青銅文明之花》，《中國文物報》一九九〇年十一月十五日。

江西省博物館、北京大學歷史系考古專業、清江縣博物館：《江西清江吳城商代遺址發掘簡報》，《文物》一九七五年第七期。

江西省博物館、清江縣博物館：《江西清江吳城商代遺址第四次發掘的主要收穫》，《文物資料叢刊》（二）一九七八年。

彭適凡：《中國南方古代印紋陶》，文物出版社，一九八七年。

江西省文物考古研究所銅嶺遺址發掘隊：《江西瑞昌銅嶺商周礦冶遺址第一期發掘簡報》，《江西文物》一九九〇年第三期。

彭適凡、劉詩中：《關於瑞昌商周銅礦遺存與古揚越人》，《江西文物》一九九〇年第三期。

百越的尊、卣

尊和卣這兩種酒器，是中原青銅器中的常見器種，商代開始流行，到西周中期漸歸消失。它們的演變情況，經過學者長期研究，已經比較清楚。可是在南方，尊、卣的存在時間要長得多，而且有着特殊的性質與意義。前幾年，我曾寫過《吳國地區的尊、卣及其他》一文，講了吳地這種器物的特點，並說：「長江中下游以南的尊、卣係受中原地區的影響，而這種影響是首先在吳國地區傳入的。尊、卣在中原消失以後，在南方繼續傳流，吳國滅亡後還在隨人、越人那裏保存着。」關於越人的尊、卣，該文沒有詳細論述。特別是最近又有重要發現，值得在這裏專門討論。

先談談這種器物的發現經過。

一九六三年，湖南省中部的衡山縣霞流市（鎮），湘江堤岸下被洪水沖出一批文物。後來經考古學者調查，原

來是一座墓葬，尚存墓坑的一角。所出器物，據報導有兩件形制奇特的尊、鉞，「共存的器物還有盆形銅（盨）、銅鼎、銅鍾、銅削刀、銅矛、銅筟、銅箭鏃和玉蟬、礪石等」。估計其年代為「春秋戰國之際」。

衡山的這件尊，《中國美術全集》工藝美術編（五）青銅器（下）圖版四四有彩色照片。它的形制是侈口、垂腹，高二十一厘米，口徑十五點五厘米。花紋非常特殊，不少論著曾以為是「蠶桑紋」，後來與其他器物比較，知道主要的乃是蛇紋。在尊的口沿上，有許多首部翹起的蛇，兩兩相對；頸上是三角形的雲紋，腹部則有一對鋒尖向外的靴形鉞的圖形，並以蛇紋襯地。同出的鉞，正是與此圖形類似的靴形鉞。

到一九七一年，在廣西恭城縣秧家出土了一批青銅器，據調查也是一座墓葬。所出有鼎、尊、罍、編鐘、戈、靴形鉞、劍、箭鏃、斧、鑿、車器等，共三十三件。尊共有兩件，較小的高十六厘米，口徑十六點八厘米，《中國美術全集》青銅器（下）圖片四九有彩色照片。形制和衡山的尊一樣，也是侈口、垂腹，頸部飾相對的蛇紋，其間有蛙；腹部在大的蛇紋之間，又有小蛇、蜥蜴、蛙等，還有上面有立鳥的柱形物。尊上的輔助花紋，如聯珠紋、雲紋、鋸齒紋等，多和衡山尊近似。較大的一件高十九厘米，口徑十八厘米，腹部飾三角形的雲紋，也和衡

山尊上面的相近。報導認為其年代「屬於春秋晚期或戰國早期」。

此後十幾年間沒有類似發現。一九八六年三月，湖南湘潭縣金棋村的農民挖魚塘，發現了一件大型的卣，才使我們對這類青銅器有了進一步的了解。湘潭縣正好在衡山縣北面，出土地點在漣水岸邊，沒有伴出的器物。

湘潭的這件卣，高達三十五點五厘米，口徑二十八厘米，可是器壁甚薄，僅厚零點二厘米，它在形制上的特點也是垂腹，提梁兩端有龍首，梁身有象徵龍鱗的密點紋。卣蓋的上面較平，中央有四棱的鈕，左右有雲形扉棱。蓋面上飾翹尾的蛇，兩兩相對，其間有水蟲、蜥蜴等形象。器腹飾鋒尖向外的靴形鉞圖形，又有翹尾的蛇及蛙形。作為輔助花紋的，也是三角形雲紋之類。其與上述幾件尊有關，是很明顯的。報導估計其年代「下限在春秋中期」。

同年六月，湖南岳陽縣篛口鎮蓮塘村鳳形咀山也由墓葬中發現一件卣，高三十二點二厘米，口徑二十二厘米。其形制與湘潭的類似，蓋中央有長方形鈕，左右有鏤空扉棱，蓋面以密點紋界成三角形，內填變形夔紋。器頸有細密的勾連紋，腹飾蛇紋，間以鱷、蛙、龜、蟹、鳥和持戈、刀的人形，極為詭異。從可能同出的器物看，當屬春秋晚期。

兩年半後，一九八八年九月，又在湖南衡陽縣赤石

村黃泥嶺發現一座墓葬，出有鼎、甗、卣、鉞各一件。這個地點位於衡山縣的西南。報導推定年代為春秋中期或稍晚。衡陽這件卣，比湘潭那件更大，高達五十厘米，口徑二十四點四厘米。它的形制、紋飾，和湘潭的大致相仿，只有細微的差別，例如蓋上扉棱作連續形。一九九〇年秋，這件大卣運至北京，在故宮文華殿的「中國文物精華展」中陳列出，照片收入展覽圖錄《中國文物精華（一九九〇）》圖版六十三。

這裏還要提到英國不列顛博物院近年入藏的一件卣，著錄於羅森夫人的《中國青銅器：藝術與禮制》（Jessica Rawson, *Chinese Bronzes, Art and Ritual*, British Museum Publications Ltd., 1987）圖版二十七。這是迄今所見銅卣中最大的，高六十二厘米。它的蓋已失去，提梁特別是梁兩端龍首的樣子，很像湘潭、衡陽的兩件。腹部靠上為細密的勾連紋，靠下傾垂的部分則飾以大小蛇紋。一條大蛇的旁邊，有一隻蜥蜴。卣的圈足上，也是成排的小蛇紋。這件大卣顏色黝黑，和上述湖南、廣西幾件器物通身青翠不同，出土地點恐不在同一區域。蛇紋的頭部有突出的雙「耳」，身子也長而盤曲。與湖南、廣西尊、卣有異。至於勾連紋，有些像吳地的器物。可惜它的確切來源，已經不能知道了。

要討論的尊、卣，就是這樣幾件。它們的年代，從各

方面推斷，是在春秋晚期前後。

這些南方器物的共同特徵，是特異的紋飾，即蛇和青蛙、蜥蜴、水蟲等當地常見的動物，這無疑是南方水鄉生活的一種表現。《國語‧越語下》記載，越王勾踐復仇伐吳，吳軍戰敗，吳王夫差派王孫雄（或作雒）向越請和，越大夫范蠡回答說：「王孫子，昔吾先君固周室之不成子也，故濱於東海之陂，黿鼉魚鱉之與處，而蛙黽之與同渚。余雖靦然而人面哉，吾猶禽獸也，又安知是諓諓者乎？」這段話雖然是政治詞令，但也講出了越人習慣水鄉環境的實際。在越人的藝術中，突出地顯示蛇、蛙一類生物，乃是理所當然的。

中國古代所謂越人，範圍相當廣泛，不限於東南的越國。這就好像說戎狄一樣，是指文化習俗相近的一羣部族或方國。在先秦時期，已經有了「百越」一詞，見於《呂氏春秋》，注釋說：「越有百種。」《漢書‧高帝紀》注引東漢服虔的話，也說百越「非一種，若今言百蠻也」。我們所討論的幾件南方的尊、卣，由出土地點看不屬越國，而應屬於百越中某種部族。

說這些器物的族屬是越人，有考古學的根據。上面說過，在湖南衡山、廣西恭城的發現中伴出的有靴形鉞、撇足鼎。撇足鼎是一種三足向外撇張的鼎，是南方特有的形制。靴形鉞更是中國南方直至東南亞流行的特殊的鋒刃

器，需要仔細介紹一下。

靴形鉞（boot-shape hatchet）絕大多數刃部兩尖的長度是不對稱的（少數也有對稱的例子），因而有學者名之為「不對稱形鉞」。中國東南部新石器文化有靴形的石鉞，可能是這種銅器的祖型。銅質的靴形鉞，現在知道的最早實例，見於一九八九年發現的江西新干大洋洲商代大墓，相當殷墟早期。那座墓據研究很可能是當時越人的。後來的靴形鉞，在浙江、湖南、廣西、廣東、雲南均有發現，在東南亞也見於越南和印度尼西亞。詳情請參看《考古》一九八五年第五期發表的汪寧生《試論不對稱形銅鉞》一文。

湖南衡山的那件靴形鉞，非常令人感到興趣。它兩面都有花紋，其中有若干人形，可以看到，人的雙臂張開，有的還有伸張的手指。一人腰佩長劍，另一人則插有環首刀。湖南的高至喜館長有《湖南發現的幾件越族風格的文物》（《文物》一九八○年第十二期）專文，指出它屬於越人，是正確的。

這些人形有重要的意義。廣西學者的研究揭示出，在廣西西南部的左江流域的崖畫上面姿態幾乎相同的人形，也佩有長劍或環首刀（《廣西左江流域崖壁畫考察與研究》，第一二八至一三五頁）。左江一帶古為駱越所居，由此可以推論衡山的靴形鉞，以及與之伴出或有關的器物，確應歸於百越。

在充分看到這幾件青銅器的地方民族特色之後，我們還必須強調，它們同時又具有十分明顯的中原文化影響的痕跡。

腹部傾垂，即最大腹徑偏下的尊和卣，本來是中原器物演變的一個階段，其年代為西周的穆王時期。從商代、周初的尊、卣發展到穆王時的尊、卣，脈絡是清楚的。在南方，情形便不是這樣，尤其在湖南、廣西這裏，不能找出完全的發展鏈環。理由很明白，這種垂腹的尊、卣原本是自中原模仿而來，只是保留到了春秋晚期而已，

這種尊、卣不是日常應用的普通器皿，上面做出靴形鉞的圖象即其證據。其實靴形鉞也不是一般器物，前引汪寧生先生的論文已經指出：第一，它是戰士所持的武器；第二，「在當時社會生活中，它似更多地用於宗教活動之中，常和盾牌一起成為人們表演戰舞或舉行宗教儀式的一種『道具』」，可稱為「儀式斧」；第三，由於它在宗教活動中起着重要作用，當時人們對它保持一種信仰或神祕感，還有一套神話傳說。在印尼出土的一件鉞上，有怪鳥抓着鉞飛行的圖形，可作例證。這就足以證明，用靴形鉞的形狀作為紋飾的尊、卣，必然是有神祕性質的禮器。

穆王時期的青銅器形制何以傳至越人，並在那裏保存傳流下來？這可能和穆王的南征有關。《北堂書鈔》引古本《竹書紀年》云：「周穆王伐大越，起九師，東至九江，駕黿鼉以為梁也。」是穆王有伐越的傳說，所到的九江指

江西的贛江及八條支流。此項傳說反映了穆王時周朝勢力深入越人地區，當然會給當地帶來中原文化的較強影響。穆王以後，周朝中衰，中原對南方的文化影響隨之減弱，但一部分文化因素仍然存在，在若干禮器上繼續表現一個相當長的時期。

這種中原文化因素在邊遠地區保存的例子，還可找到不少，請續看下節。

參考文獻

李學勤：《吳國地區的尊、卣及其他》，江蘇省吳文化研究會編《吳文化研究論文集》，中山大學出版社，一九八八年。

周世榮：《蠶桑紋尊與武士靴形鉞》，《考古》一九七九年第六期。

廣西壯族自治區博物館：《廣西恭城縣出土的青銅器》，《考古》一九七三年第一期。

熊建華：《湘潭縣出土周代青銅提梁卣》，《湖南考古輯刊》第四集，一九八七年。

石見：《四件銅器交國家，愛國行為堪稱讚》，《中國文物報》一九八九年三月三日。

蒙文通：《百越民族考》，《越史叢考》，人民出版社，一九八三年。

汪寧生：《試論不對稱形銅鉞》，《考古》一九八五年第五期，

廣西壯族自治區民族研究所：《廣西左江流域崖壁畫考察與研究》，廣西民族出版社，一九八七年。

八

蜀國的璋、罍

　　上節我們談到越人的尊、卣，指出這種器物是中原文化因素在當地民眾間的存留，它不但傳流到很晚的時間，而且被賦予某種神祕的屬性，用於崇拜活動之中。這個引人注意的現象，實際在其他邊遠地區也有。下面再舉一個類似的例子，就是蜀國的璋和罍。

　　前面論廣漢三星堆遺址時已經說過，蜀國以成都平原為中心，歷史甚久，在夏、商、周三朝都列為諸侯。若干年來的考古工作，逐漸揭示了蜀人文化的奧祕，也使我們發現，玉器中的璋、青銅器中的罍，在蜀國的文化中有着獨特的位置，值得細心探討。

　　先要交代一下，這裏說的「璋」，和古書裏的璋是不是一回事，還是需要研究的問題。我們關於璋這種玉器的知識，主要來自《周禮》一書，而《周禮》講的是周代的璋，時代上有明顯的限制。周代的璋，一個根本的特點是

上端作斜角形。這裏所説的「璋」，上端卻是岐尖的，只是很多學者相沿把它叫做「璋」或「牙璋」。夏鼐先生在《商代玉器的分類、定名和用途》（《考古》一九八三年第五期）文中，把這種「璋」歸於刀形端刃器一類。我們不知道周代的璋和這種玉器究竟有無關係，不過為了方便，仍舊稱之為「璋」。

岐尖的璋確乎是一種端刃器。它的整個輪廓類似玉戈，有內有闌，可是戈是邊刃器，有上下的刃，有鋒利的尖，璋則沒有邊刃，而有分岐的兩個尖。因此，它是同玉戈全然不同的一種玉器。它的兩尖之間有刃，像凹刃的鏟，從而日本學者林巳奈夫教授把這種璋叫做「骨鏟形玉器」。

這一種璋早見於一些玉器著錄。如果不計算少數零星的例子，它的出土地點，迄今所知只集中在互相距離很遠的三個地區。

第一個地區是陝北。一九七六年，在陝西東北隅的神木縣石峁調查，在一類石棺墓中發現了不少玉器，有刀、斧、鉞、璇璣、璜、人首等器形，還有一件璋。這件璋是黑色的所謂墨玉製成的，長三十五厘米，有內有闌。內上有一處圓穿，闌部有細密的牙。援部前端較寬，有分岐的尖和斜的凹刃（圖四）。簡報說它「形似浙江河姆渡出土的『耜』」，即骨鏟。對於玉器的時代，調查者當時提出

圖四　玉璋

兩種可能性，一種是新石器時代，一種是商代。

一九八一年，西安半坡博物館對石峁遺址作了試掘，進一步推定石棺墓的時代相當龍山文化的晚期。同時，一九七七年到一九八四年，內蒙古文物考古研究所在神木北面的內蒙伊金霍洛旗朱開溝發掘，獲得與石峁類似的遺存，弄清楚石峁的石棺墓屬於他們所提出的朱開溝文化的早期階段，確相當龍山晚期。朱開溝文化的分佈，是包括內蒙中南部、陝北和晉中以北的地區。

和神木所出相似的墨玉璋，早在海內外有所流傳，惟多無出土地點記錄。在英國倫敦大學亞非學院所藏玉器資料中，有一組這種璋，共為六件，係古特曼（E. Gutmann）藏品。六件璋都是岐尖的，但闌部的牙飾形狀各各不同，有一件還是無闌的。援的基部，有些刻有直線或網格形細紋，頗為美觀。據題記，這六件璋是

一九三〇年在陝西 Li Yün fu 發現的。按那時陝西並沒
有發音為 Li Yün 的府，應為榆林 Yü Lin 府之誤。神木
正屬於榆林府，所以這幾件墨玉璋應該是在神木或其附近
地區發現的。各博物館、美術館收藏的這種玉器，大約都
源於這一地區。

　　第二個地區是河南偃師。很多學者認為屬於夏代
的偃師二里頭遺址，已經出土了好幾件這種玉器。其中
一九七五年發現的一件，最為精美，曾於一九八〇年至
一九八一年在美國舉行的「偉大的中國青銅器時代」展
覽上陳出（Wen Fong edit., The Great Bronze Age of
China, 1980, Pl. 2）。此璋玉色灰白，長四十八點一厘
米，內短小，有一圓穿，闌部有美麗的牙飾和直線紋。它
完全不適於實用，只是有高度的藝術價值的禮器。

　　偃師二里頭的璋，形狀和神木的接近，都是狹長的，
但在時代上要遲一個階段。

　　第三個地區則是四川廣漢。在前面談廣漢三星堆的
一節裏，我們講過一九三一年燕道誠挖出的一坑玉石器，
其中就有若干這樣的璋。當時出土的有多少件璋，現在無
法知道。鄭德坤先生在其《中國考古學論文集》中，有
兩件璋的照片（Studies in Chinese Archareology, The
Chinese University Press, Hong Kong, 1982, Pl. 14, d,
e);《馮漢驥考古學論文集》中，也有三件璋的照片（圖版

一，四─六）。五件璋只有一件是狹長的，形制類似偃師
二里頭上述那件，係「紫灰褐色」軟玉，長達五十六點一
厘米，牙飾不如二里頭的精細。其餘四件，有的也很長，
但形狀較寬。

三星堆的兩處器物坑，出了很多件這種岐尖的璋，更
使人們一下子大開眼界。

一號坑的璋，闌部多有美觀的牙飾和直線紋，比較
接近偃師的（考慮到一號坑年代較早，這一點是很自然
的）。有的岐尖之間加飾小鳥，由鳥的方向可以知道這種
玉器是尖朝上放置的。還有的璋形制接近玉戈，不過尖仍
是分岐的。

二號坑的璋，裝飾比較簡單，接近玉戈的也消失了。
形多狹長，有一件竟長到六十八點二厘米。有意思的是，
在一件青灰色的石質「邊璋」（端呈斜角形，更似周代的
璋）上，刻有不少圖象，有冠履樣子不同的人形，有山阜
形，山間還有一些器物。在器物中就有成對的岐尖玉璋，
尖端朝上地放置着。這種圖象無疑有崇拜的性質，人形可
能為蜀人先祖，山阜形也許是他們的陵墓，玉璋等則是禮
器，其神祕的意義已甚顯著。

三星堆的兩座器物坑，分別相當於中原商文化的殷墟
早期和晚期。鄭州二里崗曾出過一件好像璋的玉器，但岐
尖不明顯；殷墟婦好墓有一件玉器，一端像這種璋，可是

另一端已殘掉了。看來商代中原地區已沒有這種璋，至少是並不流行。

根據現有的線索，這種特殊的璋在新石器時代末期於北方出現，夏代影響到中原。此後在中原業已衰落，或者已演變為其他形制，可是在商代的蜀國，它作為一種禮器依然盛行，且具有神祕的意義。

商代中原雖然沒有這種璋，可是那時金文裏卻有像這種玉器的字，作 ，見《三代吉金文存》卷十六第二十四頁。由此可見，當時人是知道這種器物的。

一九八〇年，在廣漢南邊的新都曬壩發現了一座蜀國大墓，很可能屬於蜀王。墓中出有一鈕方形銅璽，上面有兩個以手相連的人形。人的上方，中間是一件衣服的形狀（係巴蜀文字），兩邊是一對尖朝上放置的玉璋。兩人之間，則是一隻罍。這鈕銅璽所表現的，和三星堆二號坑石「邊璋」的圖象頗相類似。人形大約是先祖，璋和罍是賦有神祕性質的禮器。銅璽可能是蜀王生前所用，璽上璋、罍的重要可想而知。圖五就是這鈕璽的鈐本。

罍的圖象，也見於一九五四年四川巴縣冬筍壩出土的一件銅帶鈎（四川省博物館：《四川船棺葬發掘報告》插圖五十七，文物出版社，一九六〇年）。帶鈎面上，中間是一隻罍，周圍是巴蜀文字。

上述銅璽和帶鈎上的罍，頸部都較長，圈足也較高。

用中原的標準來看，乃是西周早期的器物，然而這璽和帶
鈎都是戰國時期的，要晚上七百來年。

四川有沒有這種形制銅罍的實物呢？有的，而且不
止一次地出土過。傳聞抗日戰爭時就在成都一帶出土過五
件罍，一大四小，但確切的地點不詳。據馮漢驥先生說：
「成都之古玩家至今猶能憶之。」

一九五九年，在彭縣東面的竹瓦街發現一批窖藏青銅
器。這個地點距離廣漢三星堆遺址只有十五公里。器物
計有罍五件、尊一件、觶二件、戈八件、戟一件、鉞二
件、矛一件和錛一件，兩件觶呈墨綠色，有銘文，是中
原商器的風格；罍和尊則呈灰綠色，與觶不同。罍一大
四小，長頸高圈足，分別有饕餮紋、夔紋、卷體夔紋、
渦紋等裝飾。其中卷體夔紋是周初青銅器的特點，罍的

圖五　蜀國銅罍

形制也與這個年代相符合。報道估計其製作時代「可能在殷末周初」。

上述青銅器，發現時是在一件陶缸裏。出人意外的是，一九八〇年在距離那處窖藏僅二十五米的地方，又找到一處窖藏，仍有盛貯器物的陶缸。這次出土的有罍四件、戈十件、戟二件、鉞三件。罍三大一小，形制還是長頸高圈足，分別有饕餮紋、牛紋、夔紋、卷體夔紋等花紋。其中最大的一件，高達七十九厘米，蓋頂捉手作獸面形，嵌綠松石，蓋器紋飾以牛為主，雖是周初作風，但非常特異。腹部顯露鑄造時用的好多墊片，說明工藝也有特點。從這些地方看，兩處窖藏中的罍都不是由中原輸入的。

一九八〇年發現的陶缸，上有雷紋，是用戳記印成的。類似的戳記印紋，也見於三星堆遺址，這說明窖藏的年代很早，和青銅器顯示的時代性是一致的。

罍在成都一帶發現的，還有些例子。比如成都市博物館陳列的一件大罍，和彭縣大罍尺寸相仿，無蓋，年代要晚一些。它就是一九七八年在成都市區出土的。毫無疑問，罍這種青銅器在蜀人心目中有着特殊的意義。

本節所談蜀國的璋和罍，都是中原文化因素在當地傳流的證據。璋很可能在夏代傳入蜀境，到商代盛行；罍則來自周人，當地作了模仿和發展。在中原地區早已沒有這

種形制器物以後，它們繼續在蜀人的記憶裏存在，而且表現於圖象。這種有趣的現象，不是同上節所論百越的尊、卣如出一轍嗎？

參考文獻

林巳奈夫：《中國古代の石庖丁形玉器と骨鏟形玉器》，《東方學報》第五十四冊，一九八二年。

戴應新：《陝西神木縣石峁龍山文化遺址調查》，《考古》一九七七年第三期。

內蒙古文物考古研究所：《內蒙古朱開溝遺址》，《考古學報》一九八八年第三期。

四川省博物館、新都縣文物管理所：《四川新都戰國木槨墓》，《文物》一九八一年第六期。

王家祐：《記四川彭縣竹瓦街出土的銅器》，《文物》一九六一年第十一期。

馮漢驥：《四川彭縣出土的銅器》，《文物》一九八〇年第十二期。

四川省博物館、彭縣文化館：《四川彭縣西周窖藏銅器》，《考古》一九八一年第六期。

李學勤：《論新都出土的蜀國青銅器》，《巴蜀考古論文集》，文物出版社，一九八七年。

九

中國銅鏡的起源及傳播

　　銅鏡是中國古代文物的一項非常重要的門類。它的存在時間異常長久,直到清代還有人製造和使用。在久遠的演變歷程中,銅鏡的種類繁複,數量也多,其中不少種具有珍貴的藝術價值,因此研究中國考古學和美術史都不能離開銅鏡。海內外有關中國銅鏡的論著,僅僅目錄已夠編成一部專書

　　雖然有很多學者研究銅鏡,然而對於中國銅鏡的起源問題,大家至今尚未完全弄清楚。最初為學者所認識的,乃是漢鏡,漢以前的鏡付之闕如。後來逐漸知道了戰國鏡。五十年代河南三門峽上村嶺的發掘,獲得一些春秋前期的鏡,曾震驚銅鏡的研究者們。其後很長一段,大家都以此作為最早的鏡,直到近十多年,才又發現更早的例子。一九七五年、一九七六年,先後出土了兩面齊家文化的銅鏡,其年代不會遲於公元前三千年,這使得一些人舌

撬而不能下。

如果我們把眼光放到世界的範圍去看，便可了解鏡的起源實際是很古遠的。日本樋口隆康教授在他的《古鏡》一書中，提到恰塔爾休于（Çatal Hüyük）遺址發現的黑曜石鏡，這是已知最古的鏡，比齊家文化要早約四千來年的時間。

簡單介紹一下。恰塔爾休于遺址在土耳其境內的安納托利亞高原上，面積達三十二英畝，係近東最大的新石器時代遺址之一。它的年代，根據碳十四的測定，約為公元前六五〇〇年至前五六五〇年。這裏有好多用黑曜石或燧石製作的器物，鏡便是以磨光的黑曜石做的，遺址中有十座墓出這種石鏡，墓主都是女子，發掘者由各種現象推測她們是神祠的女祭司。

銅鏡出現的時間，據樋口氏述，在今伊拉克的基什（Kish）遺址，是約公元前二千九百年到前二千七百年；在伊朗的蘇薩（Susa），是約公元前二千三百年至前二千二百年；在巴基斯坦的印度河文明遺址，是約公元前二千年。在埃及第十一王朝（約公元前二千年）的石棺浮雕上，有婦女持鏡化妝的形像。齊家文化銅鏡的年代，正好與這些例子大略相當。

上述這些外國最早的銅鏡，都是有柄的。有柄鏡後來成為西方古代銅鏡的傳統，與中國鏡的無柄不同。中國銅

鏡一開始就沒有柄，而在背面中央設一個穿繩的鈕。這種
形制一直延續到漢唐（曾見有一件帶柄的「漢鏡」，仔細
考慮，乃是金代仿製）。

　　齊家文化銅鏡的第一面出土品，是一九七五年在甘肅
廣河齊家坪的墓葬裏找到的。它背面光素無紋，有拱形的
半環形鈕，鏡的直徑約為六厘米。第二面發現於青海貴南
尕馬台的一座墓葬，鏡的直徑有八點九厘米，背面在兩條
弦紋間飾三角紋，形成七角星形圖案，以斜線襯地（《中
國美術全集》工藝美術編四青銅器（上）圖版一）。它的
鈕可惜已經殘去，在鏡緣上鑽了兩個穿繩的小孔。

　　貴南鏡的發現，使人們認識到現藏中國歷史博物館
的另一面鏡也應屬齊家文化。這面銅鏡傳為甘肅臨夏早年
出土，同出的還有一件彩陶罐。它比貴南的鏡更大，直徑
達十四點三厘米，有完整的鈕。鏡背也有兩圈弦紋，在弦
紋及鏡緣之間飾三角紋，形成十三角、十六角兩重星形圖
案，以斜線襯地，風格和貴南一面相同（圖六）。這是已
知中國最早銅鏡中最大也是最精緻的一件。

　　比齊家文化晚的，商代、西周和春秋早期的銅鏡，前
後也發現若干。香港學者游國華一九八二年有《中國早期
銅鏡資料》一文（《考古與文物》該年第三期），作了統
計。當然，在該文以後，又有一些新的發現。值得注意的
是，殷墟出土的商代銅鏡，圖案大都也是有弦紋和斜線或

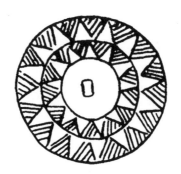

圖六　齊家文化銅鏡

直線紋，似乎同齊家文化的鏡有其聯繫。

　　這些材料表明，中國西北和華北，是銅鏡的起源地，在那裏形成了中國銅鏡的早期傳統，然後擴展到國內各地。到後來，這種傳統又通過中外文化的交流管道，傳播到國外不少地方。銅鏡雖小，卻是文化交流的一種重要標誌。

　　中國銅鏡的傳播，一個最重要的範圍是日本。日本很早就有古代銅鏡出土，受到學術界的重視。二十世紀二十年代初開始，已有一些日本學者運用現代的研究方法考察和整理古鏡。日本發現的銅鏡，有自中國輸入的，有仿製中國型式的，然後形成了日本自己的銅鏡傳統。中日人民在歷史上的往來，銅鏡是很有力的佐證之一，這已經有不少中、日學者的著作討論過了。

　　什麼時候中國的銅鏡開始傳入日本，是一個需要探討的問題。一九八八年，我應日本「都市研究會」（會長五井直弘教授）的邀請，訪問日本許多地點，曾儘可能觀察各地出土的中國或仿中國型式的古鏡。下面就根據日本學者的報告、著作以及我個人的見聞，對這個問題提一初步的想法。

　　日本發現中國銅鏡的地點很多，不能悉舉，其中出西漢（包括王莽時期）銅鏡的地點便超過五十處，所出在一百五十面以上。這些地點大部分是在日本南部的九州，其餘則在本州、四國，最北可到本州中部的長野一帶。這些珍貴的文物出土，證明西漢時期中日確有交通，對兩國關係史的研究至關重要。

　　九州出西漢鏡的地點，密集於西北部的福岡、佐賀兩縣，其次是東北部的大分縣，此外長崎、鹿兒島等地也有。這裏西漢鏡的發現還在不斷增多，正在一九八八年我訪問旅行的時候，在八月二十六日出版的《朝日俱樂部》上看到題為《探究「邪馬臺國」的新線索》的報導，講的是福岡的築紫野市隈‧西小田遺址的甕棺葬中發現了一面西漢的有銘連弧紋鏡，

　　福岡、佐賀等地出西漢銅鏡最多的幾處，多是甕棺墓。例如福岡的前原町三雲南小路的兩座甕棺墓，出西漢鏡共達五十三件。同屬前原町的鑓溝的一座甕棺墓，也出

了十八件。福岡春日市須玖一個地點所出，有二十七件；飯塚市立岩幾座甕棺墓所出，也有十件。

這些地點的西漢鏡，年代可能較早的有須玖的草葉紋鏡、星雲紋鏡，三雲南小路的星雲紋鏡。大家了解，根據中國的發掘材料看，草葉紋鏡流行於西漢早中期，星雲紋鏡則流行於西漢中期（武帝至宣帝）。不過從同出的物器看，甕棺墓還要再晚一些。至於西漢初年流行的銅鏡，如類似戰國鏡的山字紋鏡、蟠螭紋鏡，在日本尚未曾出現。

這裏有一個值得討論的例子，三雲南小路所出有一面鏡，直徑十九點三厘米，已殘碎，鏡背的花紋是 L 形的「雷紋」，並有小的圓孔。有學者曾以之與戰國時代的羽狀地紋鏡相比。樋口氏提出，它的花紋同鄂爾多斯出土的規矩鏡等相似（《古鏡》第三章）。後者的鈕都是半球形，屬西漢中期以下，這面鏡也只能定在西漢中期。

三雲南小路是日本發現最早的遺址之一，是在江戶時代的文政五年（公元一八二二年）發現的，在青柳種信的《柳園古器略考》書中有其記錄。這一點值得向讀者說明。

日本出土的西漢鏡，有的非常精美。在此以飯塚立岩所出為例，向讀者作一敍述。

一九六三年，夏鼐先生等中國學者訪日，適值立岩有銅鏡發現。當時已在第十號甕棺出土六面，第二十八號甕棺出土一面。中日學者在九州大學文學部一起釋讀鏡上的

文字，可謂佳話。其後，立岩第三十四、三十五、三十九等甕棺中，又出了幾面西漢鏡。

立岩的銅鏡，花紋和文字的鑄造都十分精好，尤其是第十號甕棺的六面，線條鮮明，沒有什麼鏽斑，真好像未經使用一樣。看來彌生時代的人們，在得到這些鏡後，一定是妥加寶藏珍惜的。銅鏡多有很長的銘文，也頗值得注意。

第十號甕棺的三號鏡銘文最長，分為內外兩圈，是所謂重圈清白鏡：

外圈：絜清白而事君，怨污驩（歡）之弇明，假玄錫之流澤，恐疏遠而日忘。

慎糜（靡）美之窮嘻，外承驩（歡）之可說（悅），慕窔姚（窈窕）之靈景（影），願永思而毋絕。

內圈：內清質以昭明，光輝象夫日月。心忽穆而願忠，然壅塞而不泄。

這一共是三首詩，都是述說相思的，辭句很美。這種銘文的鏡，年代是西漢晚期，中國各地發現不少，但文字多有省簡，像這樣一字不缺的並不多。同出的二、五、六號鏡均與此鏡近似。

同出的一號鏡，是連弧紋鏡，也屬西漢晚期，銘

文是：

> 日有喜，月有富；樂毋事，常得意；
> 美人會，竽瑟侍。賈市程，萬物平；
> 老復丁，死復生；醉不知，醒旦星（醒）

這是一些吉語，反映了當時人想望的生活樂趣。末尾的幾句意思是，老了的還會恢復青春，死了的仍將重返人世；即使喝到酩酊不省人事，第二天早晨也會酒意全無。類似的日有喜鏡，在古鏡著錄中屢見，可是結句為「醉不知，醒旦醒」的罕有其例，第十號甕棺的四號鏡，銘文相似而鏡體更大，直徑達十八點二厘米，

第十號甕棺的年代是彌生中期。棺內隨葬物有銅矛一件，鐵劍一件、鐵鉇一件和砥石兩件。六面銅鏡放在兩側，左右各三面，都是鏡面朝上，這明顯有其儀式的意義。

第二十八號、三十四號、三十五號、三十九號甕棺，和第十號是同一時期的。第二十八號的墓主，從琉璃髮飾看是女子，隨葬品還有環首小刀，銅鏡是重圈昭明鏡，文字與一號鏡內圈相同。第三十四號的墓主是成年男性，腹部有一鐵戈，銅鏡是連弧日光鏡，文為「見日之光，天下大明」。第三十五號墓主也是成年男子，隨葬鐵戈、鐵

劍，銅鏡是連弧清白鏡。第三十九號墓主性別同，隨葬鐵
劍，銅鏡是重圈鏡，銘文是「久不相見，長毋相忘」。

　　飯塚立岩這十面銅鏡都是白色的優質青銅，很可能來
自同樣的鑄造地點……它們屬於同一時期，在日本又出
自一個遺址的同期墓葬，這就表明，當時中國與日本有關
地區的交通是通暢的。

　　雖然這裏我們只舉例談了一個地點，讀者不難知道，
中國銅鏡確對日本有着較多的影響。即使專門研究中國銅
鏡，也不可忽略在日本發現的大量材料。至於把中日兩國
銅鏡傳統作詳細的比較，那便需要撰寫一本專題著作了。

參考文獻

樋口隆康：《古鏡》，新潮社，一九七九年。

James Mellaat, *Çatal Hüyük, A Neolithic Town in Anatolia*, London,
1967。

石志廉：《齊家文化銅鏡》，《中國文物報》一九八七年七月十日。

孔祥星、劉一曼：《中國古代銅鏡》，文物出版社，一九八四年。

《福岡縣飯塚市立岩遺跡發見前漢鏡とその銘文》，九州大學文
學部，一九六三年。

《飯塚市歷史資料館展示解說》，一九八二年。

藤田等：《立岩遺跡出土の前漢鏡》，飯塚市歷史資料館。

十

續論中國銅鏡的傳播

在上節裏，我談到中國的銅鏡傳到日本的一些情況。現在讓我們掉過頭來，看看中國銅鏡向北方、西方的傳播。自然，由於篇幅有限，仍然只能講若干例子。鏡的年代還是以西漢作為下限，至多下延一些。

蘇聯境內發現中國製造的銅鏡，有非常早的實例，據記錄是在十七世紀末到十八世紀初期。當時有一位荷蘭外交家兼學者，名叫威岑（Nicholaas Witsch），他寫過一部書，題為《東北韃靼》（*Noord en Oost Tartaryen*）。這部書初版於一六九二年，印於阿姆斯特丹，是極為罕見的珍本。現在世界上大約只存在兩部。書的第二卷有一段關於銅鏡發現的記述，大意如下：

在西伯利亞，離 Vergaturia 不遠的一座山下，新發現了一處木構洞穴，內有一些屍體的遺跡。穴中出有人首鳥身的小型金像，並有金屬鏡一面。金像身如母雞或火

雞，翅部伸展，頭是男子，有鬆垂的頭髮和尖鼻子。

　　威岑所描寫的，顯然是一處墓葬。他認為墓中遺物和中國有關。這段記載，在《東北韃靼》後來的重版本中就沒有了。

　　看鏡的摹本，它是一面連弧清白鏡，銘文為：

　　絜清白而事君，怨而污之弇明，玄錫之流澤，恐疎遠而日忘。美，外承之，景，而毋絕。

請與上節所錄完整銘文對照。由於文字省減，讀起來不很連貫，這是鏡銘常見的現象。

　　一七〇九年瑞典一位名叫塔勃特（C. J. Tabbert）的軍官，在作戰中被俄國俘獲，流放西伯利亞。一七一六年起始，他受彼得大帝之聘，在西伯利亞進行考察。一七二二年，塔勃特回國，著作了《歐亞東北部》（*Das Nord-und Ostliche Theil von Europa und Asia*）一書，一七三〇年印行於斯德哥爾摩。

　　這本書裏也著錄了一面銅鏡，不過著者不知其用途，稱之為「金屬板」。據載，鏡是在西伯利亞 Lrbyht 與 Toboll 兩河之間墓葬中出土的，類似物品在那裏墓葬發現的不止數百件。書內的鏡圖未繪紋飾（圖七），估計乃是重圈昭明鏡，銘文是：

　　內而清之以昭明，光而象夫日月，心忽而忠，然壅塞
而不泄。

也有省減，可參照上節完整銘文。

　　西伯利亞這兩面鏡，年代都屬於西漢的晚期。

　　三四十年代日本學者梅原末治、江上波夫等都對蘇聯
境內發現的中國銅鏡作過蒐集研究。梅原氏在題為《從考
古學看漢代文物的西漸》的論文中，引述了好幾面漢鏡。
他首先提到在莫斯科的國立歷史博物館收藏的西伯利亞葉
尼塞州出土的一面連弧日光鏡，銘係「見日之光乎君令長
毋相忘」十一字，云有漢盛時特徵（這面鏡的年代是西漢
中、晚期）。

圖七　重圈昭明鏡（據江上波夫）

其次，他提到列寧格勒埃米塔什博物館的一面羽狀地紋鏡，是一八九二年同一塊唐代海獸葡萄鏡殘片一起入藏的。這是戰國鏡，出土於西伯利亞南部托木斯克，直徑七點九厘米，弦鈕，圓鈕座外有四小花瓣，頗為精緻。

托木斯克博物館所藏的連弧日光鏡，與上述莫斯科的一件相同，直徑「二寸六分」，已碎成三片，云係米努辛斯克出土。

梅原氏講了米努辛斯克博物館的若干藏品。其中有的他認為是後世仿製，不是真的漢鏡。有關材料，下面我們還會提到。

外高加索的符拉第卡夫卡斯博物館藏有一面當地發現的連弧鉛華鏡，直徑「六寸六分」。這面鏡為半球鈕，圓鈕座，銘文是：

凍（鍊）治鉛華清而明，以之為鏡宜文章，延年益壽去不羊（祥）。與天毋丞（極），宜日月之光。千秋萬歲，長樂未央。青□。

年代也是西漢晚期。據稱係一九二三年在名叫 Temir-Kham-Sura 的地點發掘時得到的。

樋口隆康的《古鏡》收錄有烏茲別克斯坦的兩面西漢晚期鏡。一面出土在塔什干附近，是連弧昭明鏡，文字為：

內清質以昭明，光象夫日月。心忽穆而忠之，而不泄。

也是減字的例子。另一面則是殘破的連弧日有喜鏡，茲不詳述。

一九四七年至一九四九年，蘇聯考古學家魯金科在西伯利亞南部丘雷什曼河流域的巴澤雷克（Pazyryk）發掘了五座早期鐵器時代的大墓，是阿爾泰地區考古的一大成果。在墓地的第六號墓出土了一面殘存約一半的銅鏡。他在《論中國與阿爾泰部落的古代關係》文中發表了這面鏡，並以阿爾泰山西麓墓葬出土的另一面完整的銅鏡與之比較。他寫道：「這兩面鏡子的直徑，均為十一點五厘米。質地薄脆，鏡面極為光滑。邊緣為素卷邊。在鏡背稍凸起的方形紐座中心，置一小弦紐。地紋為美麗的、單一的所謂『羽狀』紋。羽狀紋地上，沿邊緣置以四個『山』字形雕飾。在山字紋之間，有成對的心狀形葉。」

這是兩面戰國時代的四山鏡，由於有明確的發掘記錄，更有科學價值。應該提及的是，巴澤雷克墓地中還出土有戰國風格的若干絲織品，包括刺繡。這處墓地的族屬，有人認為是中國古籍中的月氏，波斯文獻所記塞種的東北支，此種說法恐待研究。

戰國時代的四山鏡，在米努辛斯克博物館收藏內還

有兩塊殘片，形制花紋與上述相同。四殘片上的鈕已經殘失，山字也只能看到兩個的半邊。據梅原末治敍述，該鏡出自米努辛斯克附近的白洛雅爾斯克（Beloyarsk），原徑不到「三寸」。

據埃米塔什博物館的學者魯博-列斯尼欽科介紹，在東哈薩克斯坦也發現有四山鏡，見於他所著《米努辛斯克盆地的外來鏡》一書。這本書內容豐富，論述了前蘇聯出土的不少戰國到漢代的銅鏡，很有價值，在此不能一一敍說。其中戰國鏡，除上引外，還有貝耶出土的素地連弧紋鏡殘片。

蘇聯以外，阿富汗境內也有中國銅鏡出土。最近發表的一項消息，就是很引人注目的。蘇聯和阿富汗聯合考古隊曾在阿富汗北部的席巴爾甘（Seberghan）發掘多年。一九七八年秋季，考古隊在該地區的 Tillya Tepe 遺址開掘了八座古墓，所獲文物超過兩萬件，包括不少黃金製品。這些墓據考屬於中國文獻記述的貴霜。

這些墓葬保存情況都比較好，其中二號墓更為重要，墓主是一名貴霜婦女，約四十歲，臥在無蓋的木棺內。她穿有四層或五層衣服，覆蓋着用金圓片裝飾的葬衾。兩臂上有臂圈，指上有帶璽印的指環，上面有希臘女神雅典娜像，以及希臘文「雅典娜」名字，在她的下頜處置有很寬的金托，而在胸上放着一面中國的銅鏡。

　　貴霜貴婦的這面銅鏡，是一件西漢晚期的連弧紋鏡。其直徑為十七厘米，半球鈕，鈕座上有十二珠形裝飾。它有約三十四字的銘文，可以與《甯壽鑒古》所收一面對照，互相校補，釋讀為：

　　心污（閼）結而挹（悒）愁，明知非而［不］可久，［更］□所（驊）不能已，君忘忘而失志今。爰使心央（快）者，其不可盡行。

墓主下葬時把它放在胸上，一方面表示她生前對它的珍愛，另一方面也可能有葬儀上的神祕意義。

　　以上談到的種種材料說明，中國銅鏡很早就傳入西伯利亞、中亞等地，從出有戰國鏡看，其傳佈的時代，顯然要比傳入日本為早。奇怪的是，在戰國鏡和西漢中晚期鏡之間，似乎存在缺環，在各地都沒有看到漢初的銅鏡。這或許是意味着戰國結束後，中國向北方、西方的交通曾一度削弱或阻斷，到張騫通西域後才再度暢通。

　　中國的銅鏡藝術對很多地方的自製鏡有深遠的影響。

　　英國劍橋大學教授明斯（E. H. Minns）在其名作《斯基泰人與希臘人》（Scythians and Greeks）中論及西伯利亞和南俄的圓形銅鏡，他特別講到，「圓形銅鏡的分佈不限於這些地區，還存在於高加索，巴爾幹的一部分，直

到以匈牙利、奧地利為中心，包括部分德國的地區，另外
由波斯到巴勒斯坦也有分佈的跡象，使人極感興趣。」這
些圓形銅鏡有中國鑄造的，有仿製中國型式的，也有當地
型式的。

關於仿製鏡，梅原末治認為其年代早的相當中國的漢
代，晚的可到七八世紀，甚至十一二世紀。他的《從考古
學看漢代文物的西漸》曾列舉類似漢鏡的若干例子，都是
在蘇聯發現的。其中有一面，直徑「二寸四分五厘」，是
一八九八年在 Kotova 出土的，有方鈕座，座的四面有枝
狀紋，鏡緣有直線紋。另一面出土地不詳，直徑「二寸三
分」，鈕座四面有 T 形紋，鏡緣有直線紋、鋸齒紋。這些
銅鏡無疑是在中國自西漢末起流行的規矩鏡的仿製品，花
紋雖然粗簡，可謂典型猶在。

江上波夫的《歐亞古代北方文化》也列出不少漢鏡的
仿製品，發現地自西伯利亞一直到匈牙利都有。這些銅鏡
的共同特點是：圓形，中央有小鈕，外有簡單的方、圓鈕
座，或代表鈕座的圓圈，座外有輻射的直線，鏡緣有直線
紋。這些都可以認為是由規矩鏡蛻變影響而來，不過在相
當程度上簡單化了。

本書《規矩鏡》一節曾敍述規矩紋有着宇宙論的象徵
意義。這種思想純乎是中國的，對漢代的中國人來說，是
非常熟悉的，可謂常識的一部分。但這種宇宙論的觀點未

必與銅鏡一起傳播出去，為境外其他人民所接受。在他們的眼中，規矩鏡只是中國銅鏡上最盛行的一種美觀紋飾，因此當仿製這種銅鏡時，也模擬了這種花紋。

絲綢之路，長期以來是海內外學者熱心探討的課題。聯合國教科文組織曾支援一批中外學者，對絲綢之路進行深入的考古調查。中國古代銅鏡，正曾沿着這條絲綢之路向西方傳播，相信不久還會有更多的有關發現。

參考文獻

梅原末治：《古代北方系文物の研究》，星野書店，一九三八年。

江上波夫：《エクゥシァ古代北方文化》，全國書房，一九四八年。

李學勤：《論西伯利亞出土的兩面漢鏡》，《紀念顧頡剛學術論文集》上冊，巴蜀書社，一九九○年。

魯金科：《論中國與阿爾泰部落的古代關係》，《考古學報》一九五七年。

葉．伊．魯博－列斯尼欽科：《米努辛斯克盆地的外來鏡》（俄文）（此書蒙日本菅谷文則先生見示）。

Viktor Ivanovich Sarianidi, *The Golden Hoard of Bactria*, National Geographic, Vol. 177, No. 3, 1990.

中國和中亞的馬車

　　利用家畜作為動力的車，在古代是一項非常重大的發明。尤其是馬駕的車，輕捷疾速，對古人的生活影響很大。中國很早就有了馬車，文獻中有許多記載。成書於戰國晚期的《世本》曾提到「奚仲作車」，「相土作乘馬」。奚仲是夏朝的車正，後來薛國的先祖；相土則是商王的先祖，也是夏代的人。按照這種傳說，相當公元前二十一世紀至公元前十七世紀的夏代，已經使用馬車，而且在朝廷中設有專門管車的職官，叫做車正。應當注意到，《世本》說某人「作」某物不一定是指首創，有時只是「加其精巧」，所以中國古代的車，其起源或許比奚仲還要早。

　　夏代的馬車，目前沒有考古證據，但商代確實是有馬車的。殷墟出土的甲骨文裏面，就有不少有關馬車的記事。比如現在陳列在北京的中國歷史博物館的一版字數最多的大卜骨，記有商王武丁狩獵的事跡。卜辭說，在甲午

這一天，武丁去「逐兕」，即追獵野牛。他的一個臣下，名字叫由的，所乘的車馬跑斜了，撞到商王的車上。一個叫子央的人（可能是給商王趕車的）也從車上跌落下來。這說明，商王和他的臣屬出去打獵，是乘馬車的。此外，甲骨文提到狩獵用馬車的例子還有若干，大多是武丁時代，也就是殷墟早期的。

商周君主的狩獵，每每帶有軍事演習的性質，因此從狩獵用車不難推知當時的戰爭也用車。殷墟晚期的甲骨文有一條肋骨刻辭，記載小臣牆隨王征伐獲勝，俘得好幾名敵人領袖，還有很多人眾和武器，其中就至少有兩輛車。由於刻辭已不完全，這次戰役中俘虜的車未必止於此數，更不用說雙方作戰時動員的車數了。

通過殷墟的發掘工作，我們看到了商代馬車的實物。三十年代的發掘，「曾在後岡大墓和侯家莊西北岡大墓的南墓道中，發現了一些車馬器，這當是殉葬車馬的殘跡，因受當時發掘條件所限，未能將車子殘跡清理出來。」一九三五年，在西北岡東區祭祀坑羣南部發現有兩座車馬坑，但只存一些銅飾件。第二年，在小屯東北又發現五座車馬坑，其中 M 二十保存較好，有一車、四馬、三人，並有成套武器及玉策（馬鞭）柄等器物出土。這對研究商代用於軍事的車，是一個重要貢獻。五十年代以來，在殷墟一些地點又先後找到車馬坑，也有在墓道內的，發掘者

克服了種種困難，終於把車子完整地剝離出來，弄清楚其複雜構造。楊寶成的《殷代車子的發現與復原》詳細敍述了上面談的這些情況，據他統計：「自殷墟發掘以來共發現車馬坑十六座，內出土殷代車子十八輛。其中小屯宮殿區五座，大司空村二座，殷墟西區七座，每座坑各埋一輛車；西北岡王陵區東區的二座坑內各埋兩輛車。」

根據這些實物的發現，中外好多學者做過復原商代車子的嘗試。圖八是一九八一年發掘的殷墟西區 M一六一三車的復原圖。近年揭幕的殷墟博物苑，還按照復原的成果製造了原大的車子，可套上馬供參觀者乘坐。

讀者從復原圖可以看到，商代的車特點是單轅。轅前端有橫木叫做衡，衡兩側有駕馬用的軛。轅後部在車輿下。軸位於輿下中部，雙輪有較密的輻。這種車駕兩匹馬，乘者可多至三人，執轡控制馬的行止。古代車馬飾件有許多專門名稱，這裏不能一一介紹。

商代的馬車長時期來只在殷墟發現，使人懷疑這種工具的普遍性。一九八六年，在陝西西安以東二十七公里的老牛坡商代墓地發現了一座車馬坑 M 二十七，有一車、二馬。據報告，車的形制和殷墟的基本相似，輪輻為十六根。車上的一些青銅部件，製作也很精細。這是殷墟以外商代馬車的第一次確切的發現，其年代可能是相當殷墟早期。過去在海內外收藏品中曾見到不少商代的青銅車飾

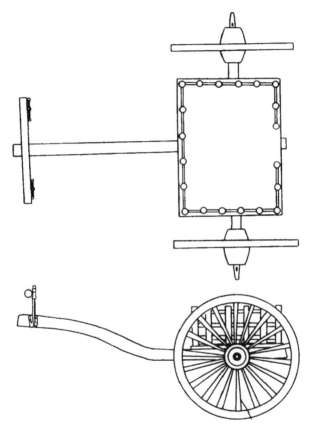

圖八　殷墟車復原圖（據楊寶成）

件，有的十分精美，在發掘品裏罕有其例，現在看來恐怕不一定都出自殷墟。

有意思的是，商代甲骨文、金文的「車」字完全是象形的，有的表現出單轅車的整個結構，不難辨認出車上的轅、衡、軛、輿和兩輪；有的則加以簡化，逐漸接近後世「車」字的寫法。還有一字，不但表現出車的整體，在輿上還立有二人，可釋為「輦」字。

一九八八年，我在澳大利亞國立大學遠東史系訪問，一個朋友給我看一本俄文書：「您看，中亞的石刻裏有和甲骨文一樣的車字。」果然，書的插圖有不少「車」，確實和甲骨文、金文的「車」字非常相像。

他給我看的，屬於中亞的崖畫。

崖畫，或稱巖畫，在世界很多地方都有。有「車」的形象的崖畫，美國芝加哥大學夏含夷（Edward L. Shaughnessy）教授作過綜述，其分佈範圍西到高加索，東到帕米爾高原、蒙古，也包括中國的內蒙古一帶。

七十年代，內蒙古的考古學者在陰山山脈調查，發現了一些古代遊牧民族的遺址和墓葬，也拓摹了成千幅的崖畫，其成果詳見蓋山林《陰山巖畫》一書。他在研究論文裏，曾特別舉出磴口縣的崖畫，說：「車輛圖出現的地方，往往是在交通要道，往來方便之處。如磴口縣的阿貴溝裏，多處發現車輛圖像。溝口附近就有秦漢時期的石

築烽火臺，可見古時候，此溝是進出山區、翻越陰山的必經要道。」在磴口西北距托林溝約二公里處，一塊大石上刻有一輛車，單轅，雙輪，有輿，軸在輿的中部，和甲骨文、金文的「車」字近似，只是轅側有兩馬。車的右前方有一人引弓射箭，指向一隻好像狼的動物，旁邊還有兩隻長角的野羊。

這些崖畫說明，從中亞到內蒙古，都流行過單轅的馬車，其在畫面中的表現形式，和甲骨文、金文象形的「車」字是很相像的，崖畫的年代不容易確定，有的可能相當晚。

一九六三年，內蒙古寧城縣南山根 M 一○二石槨墓出土了一件刻紋骨板，上面的圖形是前後兩輛單轅車，各駕二馬，車間有兩條狗，前面有一個手持弓箭的人和兩頭鹿。顯然，這和上述磴口縣的崖畫一樣，是一幅狩獵圖。M 一○二墓的年代可由所出青銅器推定，約為西周、東周之際，即公元前八世紀前半葉。

其他地方的車的崖畫，如蘇聯亞美尼亞的蘇尼克（Syunik）的這種畫，有學者推測為公元前二千年末葉，即相當商末周初的遺址，但對車的起源作過許多研究的皮格特（Stuart Piggott）只認為早於公元前九世紀建立的烏拉爾圖。按照後一說法，其下限和南山根的刻紋骨板就相距不遠了。

　　實際上，中亞地區的馬車年代甚早，這已由田野考古工作證明了。夏含夷對有關發現作了概要的介紹：「中亞之存在馬車的最早證據是一九七二年在契里阿賓斯克（Chelyabinsk，引者按：或譯車里雅賓斯克）地區的里姆尼克斯基（Rimnikski）村被發現的，該處位於新塔什塔河（Sintashta）濱，緊靠烏拉爾山（Ural）之東麓。遺址是一木結構墓類型之墓地，出土了大量的安德羅諾沃（Andronovo）文化之陶器及簡單的青銅（或銅）製的鎮墓神，根據這些器物，發掘者認為墓地屬於塞依馬（Seima）類型或稍早，也就是説約為公元前一五〇〇年或更早一些。在所發現的墓葬中，有五處葬有馬車，雖然車已完全腐朽，但是尚可據泥土中留下的痕跡進行部分的復原。」

　　安德羅諾沃文化是蘇聯境內的一種青銅時代文化，分佈在南烏拉爾到葉尼塞河之間，向南直到中亞，年代約在公元前二千年至前一千年初。里姆尼克斯基出馬車的墓地，從年代看屬於這種文化的中期。

　　夏含夷教授還介紹有關古代中亞的馬車，最詳細完整的證據發現於一處稍晚，也較為偏西的遺址中。該處遺址包括幾座被水淹沒的古墓，位於蘇聯亞美尼亞賽萬湖（引者按：或譯賽凡湖）南岸的喀申（Khashen），正好在從裏海到黑海中間地點。從這些古墓中，出土了兩輛

保存極為完好之馬車,用放射性碳判定,其年代為公元前一二五〇正負一〇〇年,校正為公元前一千五百年左在。從型態上來看,兩輛車完全一樣。車箱都是長方形的(一點一米闊,零點五一米長),裝在二米長中置的車軸上,固定之軸兩端各裝有車輪,車輪之直徑在一米左右(一號車輪徑為零點九八米,二號車輪徑為一點零二米),輪輞由兩塊木料輮製而成。轉動自如的車輪裝在管狀的軸套之間,軸套又由木製的車轄鎖住。每輪有二十八根內結於車轂,外接在輪輞的車輻。車轅垂直地架附在車軸之上,向後一直延伸到車箱的尾部,向前的延伸原有三點五米,不過發掘之時早已腐朽得不見任何痕跡。」由同一遺址出土的幾具銅車模型看,車轅都是向上翹起的。

　　這裏詳引關於喀申馬車的描述,是因為熟悉中國古代車制的讀者很容易從這段描述看出其和中國車的相似。皮格特《高加索與中國的馬車》(《古物》[Antiquity]第四十八期)一文有喀申車復原圖,同殷墟車對比一下,是很有意思的。

　　曾經有很多外國學者主張中國古代的馬車是自西亞地區傳來的。就現有發現而言,西亞的馬車確比中國的要早,可是中國的馬車有其本身的若干特點,卻不見於西亞馬車,同時也沒有找到由西亞傳至中國的中間鏈環。中國學者,從中國古代馬車的特點出發,多傾向中國車有自己

獨立的起源。在這一問題上，中國歷史博物館的孫機先生
作了深入的探討。一九八五年，他在意大利威尼斯舉行的
「中國古代文明」學術討論會上提出題為《紀元前的中國
古馬車》的論文，文中說：「按絕對年代講，車在中國的
出現較西亞為晚，但由於已出土之時代最早的晚商古車，
已具有一定的成熟性，所以此前還應有一個從雛型成長起
來的過程。先秦古文獻如《墨子》、《荀子》、《山海經》、
《呂氏春秋》等。都說車是在夏代發明的。……這種情形
使人有理由設想，中國的車是一項獨立的發明。而這一
設想，可以自中國古馬車的構造和繫駕方法等方面的特
殊性來加以驗證。」他特別強調中國馬車傳統的繫駕方
法，即馬通過繫在兩軛內側的靷繩曳車，稱之為「軛靷
式繫駕法」。

　　從中亞到中國內蒙古所見崖畫上的馬車，顯然在構造
和繫駕方法上都和殷墟等地的車一致。喀申的車，看不到
相當衡、軛的部分，不過從單轅的構造看，很可能也是用
同樣方法繫駕的。因此，殷墟、老牛坡的車，和喀申的車
應當有一定的關係。

　　前面已經說過，殷墟甲骨文的記載裏面已經有馬車，
而且好多是武丁時期的，其年代可估計為公元前一二〇〇
年左右，比喀申的馬車約晚三百年，夏含夷即認為「這兩
種馬車必定是從一個雛型發展出來的」。他正確地指出，

兩種馬車都有與西亞的車不同的構造,「這兩種馬車最顯著的特點是其輪輻數目較多,喀申馬單的輪輻多達二十八根,安陽的也有十八至二十六根。而古代近東的車輪僅有四或六根輪輻,數目與前兩者完全不同。這兩種馬車的第二個相同特點是其車軸的位置。古代近東的馬車,其軸皆裝在車箱底部靠近車尾的部位,而這兩種車的軸則裝在車箱底部的中間。不僅以上兩個極其顯著的特點將中亞及中國的馬車與古代近東的馬車區分開來,更多的相同之點說明了這兩種馬車只能是一對孿兄弟」。

喀申等地的中亞馬車是否是西亞馬車和中國馬車之間的鏈環?是一個非常值得探討的問題,夏含夷教授的論文對此是肯定的。

喀申的馬車和殷墟、老牛坡的馬車,都是已經相當發達成熟的,如孫機先生所說,在它們以前必然有一個較長的發展過程。它們可能有影響的關係,但更可能是由同一雛型發展而來,彼此間的關係猶如兄弟。我們看它們和西亞的車有很基本的差別,可以推想它們未必是由西亞傳來,它們的共同雛型大概要從其他地方尋找,這便有待於今後新的考古發現了。

附帶談一下,中國古代除了馬車以外,還有牛車,起源也很早。《竹書紀年》、《世本》等許多書都載有王亥與服牛的故事。王亥和上文提到的相土一樣,也是商王的先

祖，是夏代的人，其名見於甲骨文。王國維《殷卜辭中
所見先公先王考》考證：「《山海經》、《天問》、《呂覽》、
《世本》皆以王亥為始作服牛之人，蓋夏初奚仲作車，或
尚以人挽之，至相土作乘馬，王亥作服牛，而車之用益
廣。」他又引《管子‧輕重戊》的話說：「殷人之王，立
帛牢，服牛馬，以為民利，而天下化之。」所以夏商是應
該有牛車的。

　　一九八一年，陝西扶風縣下務子出土了一件師同鼎，
銘文中說師同從征，與戎人交戰，所俘有「車馬五乘，大
車廿」，就是五輛馬車、二十輛牛車。這證明西周時期實
有牛車。這種牛車的構造一定和馬車不同，以致銘文兩個
「車」字寫法也不一樣，「車馬」的「車」像單轅車形，「大
車」的「車」只表現輪子。牛車的主要用途是載重，所以
不會像馬車那樣作為工公貴族的隨葬品，這是這種車難於
在考古發掘中出現的原因。

　　在有的地方的崖畫中，還看到與本文所述單轅雙輪
馬車結構不同的馬車。例如奧克拉德尼克夫曾發表一幅蒙
古崖畫（Aleksej Pawlowitsch Okladnikow, Der Hirsch
mitdem Goldenen Geweih, fig. 38.），畫上有一輛四馬
四輪車，一人立其上持弓，下面有人和仆倒的獸類。這種
車用於狩獵，和載重的「大車」有所區別。

參考文獻

楊寶成：《殷代車子的發現與復原》，《考古》一九八四年第六期。

西北大學歷史系考古專業：《西安老牛坡商代墓地的發掘》，《文物》一九八八年第六期。

夏含夷（Edward L.Shaughnessy）：《中國馬車的起源及其歷史意義》，《漢學研究》第七卷第一期。

Aleksej Pawlowitsch Okladnikow, *Der Hirsch mitdem Goldenen Geweih, Vorgeschichtliche Felsbider Sibiriens*, F. A. Brockhaus Wiesbaden, 1972.

虎噬鹿器座與有翼神獸

一九七四年以來，河北省的考古學者在離石家莊不遠的平山縣三汲進行調查和發掘，有非常重要的成果。他們發現一座古城，經研究知道是戰國中葉中山國的都城靈壽。在古城內外發掘了兩座大墓和一些陪葬墓。大墓是中山王的陵墓，出土了大量精美絕倫的文物，不少是前所未見的，在河北以及北京展覽，吸引了許多愛好文物和藝術的觀眾。一九八一年，還專門在日本舉辦過「中山王國文物展」。

談到戰國時代的中山國，很多人可能不大熟悉。大家都常說戰國七雄：齊、楚、燕、韓、趙、魏、秦，可是當時存在的諸侯國並不止七個。中山在戰國時一度相當強盛，曾與燕、韓、趙、魏相約，同時稱王。《戰國策》書裏還專門有《中山策》部分，記述中山的史事，可見這個諸侯國是比較重要的。

　　根據古書的記載，中山是北方少數民族白狄建立的國家。白狄在春秋前期還居住在今陝西北部，後來一部向東遷徙，在太行山東面的今河北中部組成三個小國，即鮮虞、肥、鼓。春秋晚期晉國勢力向這方面擴展，把肥、鼓兩國滅掉了，只剩下鮮虞，也就是中山國。中山一直存在到戰國晚期，公元前二九六年，才被趙國吞併。已經發掘的兩座中山王墓，從墓中發現的一些銘文考察，一座的年代可推定為公元前三〇九年或前三〇八年，另一座較早一點，大概在公元前三二〇年左右。

　　中山是那時唯一能強大到稱王的戎狄國家，因此在平山的發現公佈後，大家都注意去探討其文化面貌，希望從中找到戎狄民族的特色。事實上，就在河北北、中部，包括平山附近一帶，曾經發現過若干帶有北方民族色彩的遺存。例如平山訪駕莊，就在靈壽古城以內，即出土過這樣的青銅器。所以，中山大墓中理應存在戎狄文化的某種標記。然而經過不少學者研究討論，在這一點上進展並不多。更多地揭示出來的，卻是中山的高度華夏化，即與中原文化的共同性。我在一九七九年第一期的《文物》上有《平山墓葬羣與中山國的文化》小文，專門談到這個問題。我的意見，主要是這麼兩點：

　　第一，平山的中山王墓，結構接近河南輝縣固圍村的魏國大墓。不僅墓室結構、墓上建築相似，墓地的佈局也

差不多。墓中出土的器物，例如錯金銀青銅器、暗紋黑陶器等，也是共同的。

　　第二，中山王墓出土青銅器銘文的字體，也類似魏國的。銘文所體現的思想，可稱儒家正宗，而且引用了《詩經》等典籍。當時中山崇尚儒家，舉士朝賢，恰好同趙國胡服騎射相反。中山國的華夏化，是這個時代民族文化交流融合趨勢的明顯表現。

　　由於發掘提供了中山華夏化的大量證據，有的學者便對中山到底是不是白狄國家產生懷疑。其實出土品中戎狄民族的特色是有的，只是沒有受到足夠重視罷了。

　　首先注意到有關材料的，是專門研究北方考古的學者烏恩。他在一九八一年刊出的《我國北方古代動物紋飾》論文裏，把平山中山王墓的一件「塑造出兇猛的老虎吞食小鹿的圖形」的錯金銀器收錄進去，與其他北方草原地區動物的紋飾相比，是很有見地的。

　　他提到的東西，是一件有很高藝術價值的青銅器座，彩色照片見《中國美術全集》工藝美術編五青銅器（下）圖版一〇五、一〇六。器座長五十一厘米，作一隻猛虎攫噬幼鹿的形狀，鹿的一肢被虎抓住，虎口咬在鹿背上，全為動態。在虎背上有兩處柱形插口，上面有倒置的獸面紋。

　　另外，可以作為這方面證據的，還有兩件錯銀的有翼

神獸，照片見同書圖版一○八。兩件形狀對稱，一件頭扭向左，另一件頭偏向右，它們是有特殊意義的陳設，沒有其他用途。獸長四十點五厘米，頭和身子都像老虎一類，而有一對伸張的翅膀，無疑是神話中的動物形象。

在這裏，我首先得指出，不管是虎噬鹿器座還是有翼神獸，都是帶有中原文化的因素的。錯金銀的工藝，本身就是在中原青銅器傳統中產生的。兩器上的花紋，特別是器座插口上飾獸面，更是傳統作風。不過，虎噬鹿的動態，以及有翼神獸這種形象，卻非中原藝術原有者。

猛虎噬鹿這一類動物圖象，在中國北方民族以及歐亞草原地區的其他民族間，曾廣泛地流行過，如烏恩在上引論文指出的：「各種題材的動物紋是古代北方草原民族生活實踐的結晶，是他們在長期的生產鬥爭中創造的一種實用藝術。動物紋所表現的家畜如馬、牛、羊、犬，正是他們長期飼養的動物。各種野獸的奔逐，野獸及家畜的厮鬥，猛獸捕捉食草動物，正是草原民族日常目擊的情景。」同時，「動物紋飾的藝術造型主要是反映當時人們的某種觀念、情感和信仰。動物紋多刻畫猛獸及動物搏鬥和厮咬圖形，這表現了遊牧民族勇猛強悍的性格及對英武善狩的崇拜」。動物紋，包括猛獸攫噬食草動物這種母題，來自草原地區民眾的生活，不能說一定是自某一民族產生，然後普遍傳播的。

　　很多外國學者研究過現在我們談的動物母題。例如蘇聯學者魯登科（Sergei I. Rudenko）在他的《西伯利亞凍墓》（M. W. Thompson 英譯本）書中，便以較長的篇幅討論了有關材料。他認為：「動物厮鬥，或者更準確地說，是食肉動物攫噬食草動物的母題，自公元前第三千紀即在近東顯現，到公元前第一千紀盛行於近東與小亞，尤其是在斯基泰和阿爾泰部族間。」這種現象，就可以用草原地區生活的共同性來解釋。

　　博羅夫加的《斯基泰藝術》（Gregory Borovka, *Scythian Art*）一書，蒐集了很多這種食肉動物攫噬食草動物形象的文物。其中有些是名貴藝術品，如彼得大帝舊藏的黃金飾牌，圖象為虎噬馬的一件，購自外高加索；有翼神獸噬馬的兩件，則得於西伯利亞。書中有一件用途不明的圓木牌，圖象是虎噬鹿，更與中山墓的器座相近。總之，在外國學者所稱斯基泰—西伯利亞式的文物上，這種母題是頻繁出現的。

　　在中國境的北方民族文物中，這樣的母題也甚多見，特別是在一種透雕的青銅飾牌上。烏恩在《中國北方青銅透雕帶飾》文中曾專列出「動物相鬥或猛獸襲擊食草動物紋帶飾」，舉有很多例證。其中兩件「虎口銜鹿紋帶飾」，「虎作立狀，滿身鑄波紋，虎口銜一鹿，鹿屈足垂於虎口之下」，也近於中山的那件器座。這一類飾牌，還出於蒙

古到西伯利亞南部。

關於這一類北方民族文物的淵源和發展，過去雖有不少學者作過探索，但他們的依據很少是發掘材料，沒有足夠的年代標準，結論難免受到局限。近年中國學者做了較多工作，以中國境內的考古成果為主要依據，指出內蒙鄂爾多斯及其附近地區這一類遺存的年代最早，可能是周圍類似文化的發源地。這是一項非常重要的收穫，表明動物紋在中國北方民族有悠遠的傳統，戰國時期的戎狄自應有這種文化特色。

因此，中山王墓的虎噬鹿器座表明，中山儘管已經華夏化，仍然保存着白狄特有的文化因素。

上面已講到彼得大帝所藏黃金飾牌上有翼神獸的圖象。類似的神獸，極易在論斯基泰─西伯利亞式藝術的圖錄中找到。獸的特點是獅身鷹翼，有的頭也是鷹的，稱為「格里芬」（griffin 或 griffon, gryphon），另一些則為獸頭。中山王墓的有翼神獸，和斯基泰的有些花紋（圖九）相似。

烏恩的《論我國北方古代動物紋飾的淵源》引述了公元前七世紀至公元前二世紀黑海沿岸的斯基泰人和阿爾泰的巴澤雷克的有翼神獸花紋。他特別指出，巴澤雷克出土有中國的刺繡絲織品和山字鏡，說明與中國有交往關係，而內蒙準格爾旗西溝畔出土的金飾牌上的獅身鷹頭獸（即

圖九　斯基泰神獸

「格里芬」）等「具有阿爾泰藝術的特點。根據目前掌握
的資料，戰國以前，在我國北方古代動物紋飾中尚未發現
這種藝術風格，而這種虛幻動物形象……卻是斯基泰和
阿爾泰藝術的傳統作風，顯然，這種藝術母題和風格在戰
國晚期被我國北方的遊牧民族所借鑒」。中山國的有翼神
獸可能也是如此。

平山中山王墓已經屬於中山快要滅亡的時代，白狄的
中山國人久已定居，不再是遊牧的草原民族了。在他們的
文化裏僅存的這些戎狄的因素，説明了仍與其他北方民族
保持着某種程度的聯繫，我們研究中山的文化和歷史，不
可不注意這一點。

參考文獻

河北省文物管理處：《河北省平山縣戰國時期中山國墓葬發掘簡報》，《文物》一九七九年第一期。

烏恩：《我國北方古代動物紋飾》，《考古學報》一九八一年第一期。

烏恩：《中國北方青銅透雕帶飾》，《考古學報》一九八三年第一期。

烏恩：《論我國北方古代動物紋飾的淵源》，《考古與文物》一九八四年第四期。

田廣金、郭素新：《鄂爾多斯式青銅器》，文物出版社，一九八六年。

田廣金、郭素新：《鄂爾多斯式青銅器的淵源》，《考古學報》一九八八年第三期。

Sergei I. Rudenko, *Frozen Tombs of Siberia*, London, 1970.

Tamara T. Rice, *The Scythians*, London, 1957.

Ellis H. Minns, *The Art of the Northern Nomads*, London, 1942.

新西蘭玉器的啟示

　　夏鼐先生在他最後的幾年裏連續寫了幾篇關於中國古代玉器的論文。開始的一篇，刊於一九八二年出版的《殷墟玉器》，題目是《有關安陽殷墟玉器的幾個問題》。隨後的是《漢代的玉器 —— 漢代玉器中傳統的延續和變化》，發表在《考古學報》一九八三年第二期。同年第五期的《考古》上，有他的《商代玉器的分類、定名和用途》。一九八四年第四期的《考古學報》，又刊出他的《所謂玉璇璣不會是天文儀器》。這一系列作品，是用現代考古學方法研究中國古玉的新發展，有相當大的影響。

　　《漢代的玉器》一文開首，夏鼐先生寫道：「中國的玉器製造是有它的長久的傳統的。全世界有三個地方以玉器工藝聞名，即中國、中美洲（主要是墨西哥）和新西蘭，其中以中國的最為源遠流長。今天在一般人的心目中，玉器和中國的關係是這樣的密切，以至曾有人在英國拿一件

新西蘭的玉墜給英國人類學家 G.G. 塞利格曼（Seligman）看，塞教授說：『如果你不是剛從中國來的中國人，我一定會以為這是新西蘭玉器。』」

從這個故事看，新西蘭（或譯紐西蘭）的玉器應該和中國玉器有很大的相似性。可是，新西蘭玉器究竟是怎樣的，有哪些工藝上的特點，中國學者恐怕沒有多少人知道。夏鼐先生文中所說的新西蘭玉器，是指新西蘭的土著毛利人（Maori）的玉器。這種玉器有古老的傳統，相當的精緻美麗。有關毛利人玉器的著作，可以向大家介紹舒恩（Theo Schoon）的一本很有價值的書。

舒恩是一位美術家，一九一五年生於爪哇，早年就受到當地土著工藝美術的影響。他後來前往歐洲，在荷蘭的鹿特丹學習繪畫等美術，最後定居於新西蘭，在三十多年間研究毛利人的工藝。他非常推崇毛利玉器，這裏要介紹的他的書，標題就叫做《玉器之國》，是一九七三年在澳洲雪梨（今悉尼）出版的。舒恩在書裏詳細描寫了這種玉器的各方面情況，並且以生動的文筆敍述出自己探討毛利工藝的曲折過程。所附彩色圖版好多是新西蘭若干博物館珍藏的玉器精品，多數是古代的，也有晚近的創作，較新的作品刻意模仿和發展了古代玉器的風格，是傳統的直接繼續。

毛利人很早便有玉質的鋒刃器，例如《玉器之國》

二十六頁所載的古代玉斧，是在新西蘭南島南阿爾卑斯山以東，布魯納爾（Brunner）湖濱的瑪爾斯頓（Marsden）出土的。這是一件磨製玉斧，上端粗糙，斧身則瑩潤光潔，呈長梯形。製斧的玉料是當地出產的所謂「花玉」，色綠而有白斑，很是美觀。同書九十三頁有一件形制類似的玉斧，色灰，是在靠近塔拉瑪考（Taramakau）河口的農田中發現的。

毛利人還用玉製作「梅里」（mere），即在舉行禮儀時使用的一種器具。舒恩書一〇一頁有這樣一件玉「梅里」，像扁扁的一根棒子，柄端有一個圓孔，它是用少見的「珂珂普」玉（kokopu），即有斑的「印南伽」玉（inanga）製成的。

「印南伽」、「珂珂普」等，都是毛利語的玉名。他們重視玉，所以對不同的玉賦以種種名稱，正和中國古人一樣。「印南伽」玉色澤的基調是綠，有的較暗，呈灰綠色；有的較嫩，呈青綠色。

玉在毛利人那裏的用途，最主要的還是製造飾物，這一點也和中國古代玉器相同。佩飾的形狀非常複雜繁多，但如舒恩所說，其造型有幾種傳統母題，如魚鈎母題、逗點形母題、鳥—人母題等等。

魚鈎母題的玉飾，有的十分簡單。比如毛利人傳統的耳墜，見舒恩書五十一頁，有的只是一個下端彎成鈎形的

直棒，有的簡化得連鈎都省去了。比較複雜一點的，在棒部兩側各出一小的扉棱。這種耳飾都是用「印南伽」玉造成的，色青綠或微白，相當漂亮。

用這個母題，也可以做出非常複雜的佩飾。如舒恩書三十一頁的兩件（圖十），均自魚鈎形突化而來。它們的特點是輪廓的線條圓轉，有圓形或逗點形的穿孔。左面一件是青綠色的，右面一件也是綠色而有褐斑。從整體看，還不難發現它們與魚鈎形的關係。該書七十九頁的三件（圖十一），樣子差不多，但有兩件在上端有一個眼睛，是用浮雕的手法做出的。

該書第八十一、八十三頁又有六件魚鈎形母題的玉飾，也有帶眼睛的。六件玉飾形狀各異，有的呈斜三角形，很不像魚鈎了。查其原因，是為了利用玉片本有的幾何形狀，結果是變化多端，彼此互不相同。

圖十二的玉佩飾，呈青綠色，係用「印南伽」玉雕成，代表了魚鈎母題最發展的形態。它的意境，和現代抽象藝術甚為相似。

逗點形，毛利人稱為「珂魯」（koru）。上述魚鈎形玉飾的穿孔已有逗點形的。舒恩書第八十四頁有兩件這種佩飾的標本，形制比較簡單，而二十八頁的一件（圖十三）就複雜得多。這件玉飾是雙「珂魯」式的，飾身由相逆的兩個逗點形構成，又有兩個逗點形的鏤孔。玉質是

圖十　魚鈎形玉飾

圖十一　魚鈎形玉飾

較軟的「印南伽」，顏色灰綠，據説這種玉對熱「敏感」。

　　圖十四所示的玉飾，特點是「以正負因素相互對比」。一九七〇年，經新西蘭伊利莎白二世美術協會購藏，用來作為該會的標記。這件美觀的玉飾呈碧綠色，見舒恩氏書一一一頁。

　　新西蘭玉器作鳥形的也不少，該書一一三頁有一墨綠色佩飾，為張翼的立鳥側面形，翼尖有一小穿孔，用五條直線表示翼羽，是很好的藝術作品（圖十五）。鳥的造型，據云是由阿胡里里河（Ahuriri）流域毛利人的崖畫而來。又一〇三頁的佩飾，形為二鳥相背，還有四個小鳥足部相連。這一類鳥形都不怎麼肖生，而是相當抽象化的。

　　所謂鳥—人母題，形象在人、鳥之間，毛利人稱之為「瑪納雅」（manaia）。舒恩所舉有其書十二頁的玉飾。其五十一頁的又一玉飾，是用一種「阿拉胡拉」玉（arahura）雕成的（圖十六），三個「瑪納雅」結合在一起，各有一隻眼睛，富於神祕色彩。

　　玉器也有少數像其他動物的，比如舒恩書一〇二頁的碧綠色玉飾，是以塔拉瑪考河出產的玉製作的。其形象是一條蟠曲的蛇，蛇口另懸一橢圓的玉墜，這叫做「瑪拉基豪」（marakihau）。

　　有的佩飾上有人面形，該書一百頁的一件，本是一簡

圖十二　印南伽玉飾　　圖十三　雙珂魯式玉飾　　圖十四　珂魯式玉飾

 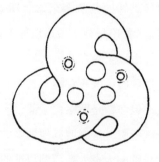

圖十五　鳥形玉飾　　　　圖十六　三瑪納雅式玉飾

單的魚鈎形，其左右兩側有伸出的部分，略似人面，有目有口，看起來和中國良渚文化的所謂「蚩尤環」（飾獸面的玉環）有些近似。

新西蘭玉器另有一種玉人，稱「黑提基」（Hei-tiki）。以書中九十三頁所載的一件為例，人形盤腿而坐，雙手撫膝，臉部正視而頭傾向左方，玉色是灰綠的。這件玉人發現於新西蘭北島的璜加內（Whanganui）海濱，是毛利人特有的作品。同書九十七頁還有好幾件這種玉人，都是奧克蘭戰爭紀念博物館的藏品，用不同的玉質做成。其形象和上述一件大體類似，有的雙手在前，有的一手托於頷下，有的眼部加嵌紅色的圈。這種人形的設計是毛利人在遷移到新西蘭時帶來的，所表現的是波利尼西亞的「亞當」，並不是神，所以這種玉人不被當作神像來崇拜。

由以上的介紹，大家可以知道，新西蘭毛利人的玉器是很發展、很複雜的。其中有些屬於肖生，像上面說的玉人，但多數是圖案化，甚至高度抽象化的。從比較研究的角度考慮，這說明其他地區的年代很古的文化，其發展程度和歐洲人進入新西蘭以前的毛利人相當的，也可能有類似的玉器。對於研究中國的古玉，這個觀點很有意義。

近年中國古玉的一大發現，是遼寧西部到內蒙古東部出土的紅山文化玉器。遼寧的考古學者指出：「鈎雲形玉佩、馬蹄形玉箍、獸形玉，以及二聯璧、三聯璧等，為這

批玉器主要造型，均不見於商周玉。龍、虎、龜、鳥、魚等，雖與商周玉為共同題材，然具體形象、技法和風格則有差異。」（《論遼河流域的原始文明與龍的起源》）這些紅山文化玉器，有些是素面的，如璧、玉箍，有些則有紋飾或形象，後者也可分為比較肖生和比較抽象化的兩類。各樣動物形玉是肖生的，鉤雲形玉佩是抽象化的。

據報導，鉤雲形玉佩已發現十餘件，「作長方形或方圓形板狀，多兩面雕飾，也有只在正面雕飾的。往往在中心鏤孔作鉤雲狀盤捲，四角多作卷勾狀，佩面磨出與紋飾對應的淺凹槽，皆有穿孔」。圖十七所示兩件，分別出土於遼寧凌源三官甸子和內蒙古赤峰巴林右旗，均為淡綠色玉雕成。附帶說一下，在日本曾見一淡綠色馬蹄形玉箍，其平口一端外壁也雕出凸起的雲形花紋。雲形可以說是紅山文化玉器中多見的一種母題。

雲形母題的佩飾，和新西蘭玉器幾種母題的佩飾一樣，是一項工藝美術的傳統，不太容易知道其本來的意義是什麼。這類母題是抽象化的，在古文化中不算稀奇。有些讀者大概了解，在內蒙古敖漢旗大甸子等地發現的夏家店下層文化陶器上的彩繪花紋，便是非常抽象化的。過去很多人以為史前藝術一定是寫實的、肖生的，事實證明這種想法並不正確。

有意思的是，紅山文化可能也有玉人。北京的故宮

博物院藏有一件暗綠色的玉佩飾,長二十七點七厘米,寬
十一點七厘米。它的外廓為鈎雲形,實際上還是鈎雲形玉
佩,不同的是中部是一浮雕人形。人正立,眉目鼻口都很
分明,身着窄袖衣服,兩手合拄一杖,足下踏一隻角動
物。這件珍奇的玉器據説是六十年代初一位東北人帶來北
京,後來由故宮收藏的。經反覆研究,故宮博物院的學者
認為,這件玉人除外廓的鈎雲形外,人身和動物頭部飾有
斜方格形的錦紋,其結構和雕法都與紅山文化玉龍、玉獸
身上所見極為相似,因此很可能也是紅山文化遺物。

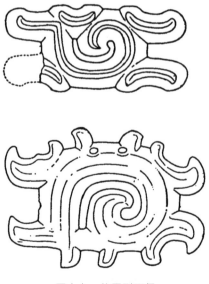

圖十七　鈎雲形玉佩

　　紅山文化玉器已被指為中國古玉的一個重要系統，它的年代在公元前四千年到前三千年之間，可是其內涵業已相當豐富了，在不少方面，堪與新西蘭玉器媲美。關於紅山文化的認識，目前仍處於初步階段，相信不久還會有更多更精美的這種文化玉器發現出來。

參考文獻

Theo Schoon, *Jade Country*, Jade Arts, Sydney, 1973.

方殿春、劉葆華：《遼寧阜新縣胡頭溝紅山文化玉器墓的發現》，《文物》一九八四年第六期。

孫守道、郭大順：《論遼河流域的原始文明與龍的起源》，《文物》一九八四年第六期。

張廣文：《玉人、玉獸》，《紫禁城》一九八九年第一期。

任愛君：《紅山文化的史前玉器與中國「尚玉」的古文化源頭》，《昭烏達蒙族師專學報》（漢文哲學社會科學版）一九九〇年第三期。

甲骨占卜的比較研究

　　殷墟甲骨的發現，導致了後來的殷墟發掘，成為中國現代考古學的發軔。這是中國考古學史上的大事，也是世界考古學史上的大事。英國的考古學史專家丹尼爾（Glyn Daniel）一九八一年出版的《考古學簡史》（*A Short History of Archaeology*, London, 1981.）就專門敘述了這項發現。

　　甲骨是一種占卜方法的遺物。當時的人們相信，龜甲或者某種獸骨所表現的徵象，可以預示吉凶。這種占卜方法在商代相當流行，尤其在商代晚期的都邑殷（今河南安陽）興盛一時。許多甲骨上契刻了占卜的記錄，即卜辭，更有非常重要的史料價值。因此，殷墟甲骨的發現和研究，結果是產生了一個專門的學科分支，叫做甲骨學。

　　實際甲骨這種占卜方法有着廣泛而且久遠的分佈。它絕不限於殷墟，也不限於商代，只不過在殷墟以外較少契

刻占卜記錄的有字甲骨就是了。過去的甲骨學者，大多數是研究古代文字或者歷史的，目光集中於卜辭，於是造成一種看法，甲骨唯有有字的重要，無字的似乎無足重輕。這是傳統的偏見，是不對的。

也有些獨具慧眼的學者，注意到無字甲骨的意義。這裏我們特別應該提到陳夢家先生。他在一九五四年寫的一篇論文裏，對國內各地出土的卜用甲骨作了統計。他說：「直到現在為止，刻了卜辭的甲骨只出土於安陽的小屯和侯家莊兩個地方。解放以前，卜用的甲骨在安陽小屯以外也有發現，如歷城的城子崖，濬縣的大賚店，旅順的羊頭窪，濟南城南郊，濟南大辛莊，滕縣安上村和永城的黑孤堆。」然後他又列舉了一九五〇年至一九五三年出土卜用甲骨的地點：安陽四盤磨、輝縣琉璃閣、邠縣、鄭州二里崗、濟南大辛莊、洛陽泰山廟、安陽大司空村等。隨後，他在一九五六年出版的《殷虛卜辭綜述》一書中，對出土地點又有不少補充。

近年對卜用甲骨出土地點作出統計的，有蕭良瓊《周原卜辭和殷墟卜辭之異同初探》的附表。她的表告訴我們，卜用甲骨的發現遍及北京、河北、山西、內蒙、吉林、江蘇、安徽、山東、河南、湖北、四川、陝西、甘肅等地，時代則自史前直至東周都有。

下面我們要談的是，甲骨占卜不只中國有，還傳佈到

國外很遠的地方。

　　美國人類學家克洛伯爾（A.L.Kroeber）早就討論過這個問題。其名著《人類學》一書，是很多大學採用為教本的，其中第十二章《文化成長與傳播》專論占卜。克洛伯爾認為，這一類占卜方法（他稱做 scapulimancy，即胛骨卜）是自東方向西方傳播的。其起源地是古代中國，在公元三世紀時傳入日本，在那裏是使用鹿胛骨。直至現代，西伯利亞東北部的一些民族尚有用馴鹿或海豹胛骨的卜法。這一習俗也傳佈到中國西南的若干民族，包括西藏人，並為中亞各種民族所採用。它在亞洲的流傳範圍，到達南阿拉伯、阿富汗和印度西隅，但似未深入印度。

　　這類占卜方法也傳播到全歐洲，盛行於十五、十六世紀，在一些較後進的人民中流傳的時期更長，同時，亦傳到北非的摩洛哥等地。

　　在北美洲土著人中，也存在同類的占卜方法，克洛伯爾認為這是由東北亞傳去的。雖然愛斯基摩人和太平洋沿岸的部族沒有這種習俗，在阿莎巴斯卡（Athabascan）和阿爾岡琴（Algonkin）部族中，卻有灼燒馴鹿、駝鹿等動物之骨占卜的風習。

　　克洛伯爾把世界各地的這類卜法分成東方、西方兩大類型。東方型的卜法是對骨進行燒灼，看所造成的痕跡裂紋的形狀，藉以確定吉凶。西方型則省去燒灼，而且限於

家養的綿羊，僅觀察骨的形狀、厚薄或者紋理。

　　克氏學說可謂傳播論的典型。其所敍述的傳播路線恐還有待深入研究和論證，特別是西方型卜法是否東方型卜法的變態，需要可靠的材料來證明。可是，如果僅就東方型燒灼獸骨的卜法而言，其起源肯定是在中國，然後流傳到周圍，包括越過白令海峽，傳到北美的某些地區。

　　李亨求的《渤海沿岸早期無字卜骨之研究》一文，是專門討論東北亞的古代卜骨的。他曾寫過《銅鏡的源流 —— 中國青銅文化與西伯利亞青銅文化的比較研究》等文，熟悉這地區的考古材料。除了中國境內的發現以外，他論述了朝鮮和日本的有關發現記錄。

　　關於朝鮮，李文舉出兩個地點。一個是咸鏡北道茂山邑虎谷洞，一九五九年在該地發掘，見黃基德《茂山邑虎谷洞原始遺跡發掘中間報告》（《文化遺產》一九六〇年第一號）。這個遺址位於圖們江上游，自其第一號居址的擾土層和第八號居址的堆積層中，出土了四件卜骨。這些卜骨都有圓形的鑽，曾經燒灼。鑽都在骨的背面，整齊成排，形制接近中國吉林汪清百草溝出土的卜骨。汪清位於圖們江支流上。茂山邑的卜骨，據云係豬胛骨，年代約在公元前一千年到前五百年之間。

　　另一個地點是慶尚南道昌原郡熊川邑，該地自一九五九年曾發掘數次，在一座鐵器時代的貝塚裏，發現

有鹿角六件。這些鹿角都經磨光，刻有若干條平行線。其中兩件可能經過火燒。這個地點是在朝鮮半島南端。

關於日本，李文舉出四個地點。第一個是島根縣八束郡鹿島町古浦，在一九六三年發現卜骨一件，是鹿的足骨，其表面有成排的鑽灼。年代為公元前三世紀的彌生時代前期。

其次是神奈川縣三浦市的毘沙門和問口。該地係洞窟遺址，一九五一年發掘，出土卜骨十四件，有豬、鹿的胛骨和肋骨，都有燒灼痕跡。毘沙門的是胛骨，灼處在骨面上；問口的則多為肋骨，灼處在骨面中央，有一排或兩排。年代為公元三百年左右，屬彌生後期。這個地點是通向朝鮮的要道。

第三個地點是新潟縣佐渡島千種遺址，一九五二年出土卜骨一件，係日本鹿胛骨。骨面中央有三處鑽灼，顯有裂紋（兆）。年代約為公元四百年，在彌生時代和古墳時代之間。

最後是長野縣更埴市生仁遺址，有卜骨一件，可能是胛骨。骨面上有灼痕多處。

朝鮮、日本還有不少文獻材料，記述了甲骨占卜的事跡。過去日本學者林泰輔《支那上代之研究》曾論及日本古代的卜法。李亨求文對朝日材料也有論列，這裏限於篇幅，不能一一徵引。中國史書《三國志·魏志》的《東夷

傳》也有「倭人……灼骨而卜」的記載。

上面介紹的這些朝鮮、日本的例子，有一些特點值得注意。它們不像中國的情形，以用胛骨為主，而是兼用其他，如肋骨，足骨，甚或鹿角。用鹿的事例較多，這當然是那裏產鹿的緣故，朝鮮熊川貝塚的鹿角，經加工刻線，有的經過火燒，有的卻沒有。類似的鹿角，在日本長野生仁遺址也出現過。日本奈良市唐古遺址出的鹿下顎骨，愛知縣熱田貝塚出的馬腳骨，也刻有平行線條，均見李文。這些假如都是占卜所用，應該是另外一種卜法，很值得探究，可以開拓我們的思路。

即使在殷墟的商代卜骨裏，也有過肋骨，並且有刻着文字的。劉一曼的一篇論文，對有字肋骨作過蒐集統計。她找到的肋骨共十一例，有一件刻的是干支表；六件「文字紊亂，字體幼稚」，被認為是練字的「習刻」。其餘四件，文字精整，至少三件無疑是卜辭。

一九五三年四月，在鄭州二里崗被擾動的地面上採集到一件有字的牛肋骨，上面刻的乃是兩條卜辭。由於不是發掘出來的，學者對其年代頗有不同意見，但後來由河南的考古學者反覆調查，發現肋骨的一帶沒有晚於二里崗期的商代地層。這就表明，肋骨確是屬於商代中期的，比殷墟要早。裴明相有論文專談此事。

中國也出有刻線的鹿角。安特生的《中國史前史研

究》（*Researches into the Prehistory of the Chinese*,
BMFEA 15, 1943.）曾收有甘肅羅漢堂出土的這種東西，
認為與「祕密魔術」有關。一九八七年，在河北興隆發現
一件鹿角，殘長十二點四厘米，經磨光後刻線，還染有紅
色。它的線條比較複雜，呈類似葉脈、繩索狀，看來是一
種藝術性頗高的紋飾。研究者尤玉柱提出：「這件紋飾鹿
角只是一種裝飾性美術作品，也可能代表某種迷信色彩。
根據伴生的最後斑鬣狗、赤鹿、斑鹿等動物化石判斷，其
時代應為更新世晚期，距今約一萬多年前。」由此看來，
刻紋鹿角的性質，學者都以為與某種神祕活動有聯繫，但
是否一定是占卜所用，尚可商榷。

北美的卜骨，應該和東北亞的占卜習俗有其關係。只
是這裏的部族並不馴養家畜，以狩獵為生，他們使用的便
僅限於野生獸類了。在燒灼獸骨這一點上，他們的卜法是
屬於克洛伯爾所說的東方型的。

這裏還要指出，用龜的甲殼占卜，比用獸骨的傳佈
範圍狹小得多。中國古代一直認為龜有一種神異的特性，
這種看法的淵源非常久遠，可以上溯到七千年以前的史前
時代。

一九八七年，在安徽含山凌家灘的一座新石器時代
晚期的墓葬中發現幾件極為特殊的玉器。這座墓的年代，
根據陶片熱釋光測定為距今約四千五百年上下。墓中死者

的胸上，放着一隻玉龜，龜分為背甲、腹甲兩片，都有小的穿孔，可用繩連綴起來。在背甲、腹甲中間，夾着一塊長方形玉片，上刻有十分規整的表示四面八方的圖案（圖十八）。這顯然有着神祕信仰的意義。有論著講到，這件玉龜是作為占卜使用的，占卜的方法「大概是先由巫師（或祭司）當眾口唸占卜的內容，然后在玉龜空腹內放入特定的占卜物品，固定玉龜，加以搖晃，再分開玉龜，傾倒出放入的占卜物品，觀其存在的形式，以測吉凶。可以認為，這是一種最早期的龜卜方法」（俞偉超：《含山凌家灘玉器和考古學中研究精神領域的問題》）。

這種占卜方法，可以參考其他新石器時代文化中的一些現象。

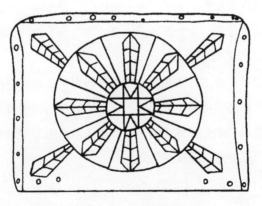

圖十八　玉片圖案

　　一九八四年至一九八七年，河南的考古學者在舞陽賈湖遺址發掘，發現了相當裴李崗文化的十幾座墓葬。大家知道，裴李崗文化比仰韶文化還要早，距今在七千年以上，墓中有不少龜殼，「往往裝有數量不等、大小不均、顏色不一、形狀各異的小石子」。有的龜甲上，還刻有符號，可能同原始文字有關。

　　山東到江蘇北部的大汶口文化墓葬，死者每每以龜甲為佩戴物，有的是背、腹俱全的龜殼，內置石子或者骨針。有些學者已指出，它們有着神祕的性質。這比裴李崗文化晚約兩千年，和含山玉龜的年代則較接近。

　　總之，在殷墟的龜甲占卜以前，可能很早就有用龜甲卜問的方法，但與燒灼無干。後來這種習俗與用獸骨燒灼的卜法相合流，在中原文化內成為正統。漢代以後，內地竟不再有獸骨占卜了，唯一使用的乃是龜甲。只是在東北、西南等地的少數民族間，還流傳羊骨卜以及其他用骨占卜的風習。

　　對於甲骨占卜這種文化因素的研究，必須採用比較的方法。這裏所談的，只不過是初步的試探。特別值得重視的，是亞洲東北部到北美，流行克氏所謂東方型的這種卜法，很需要進一步探究。

參考文獻

陳夢家:《解放後甲骨的新資料和整理研究》,《文物參考資料》一九五四年第五期。

蕭良瓊:《周原卜辭和殷墟卜辭之異同初探》,《甲骨文與殷商史》,一九八三年。

A.L.Kroeber, *Anthropology, Race, Language, Culture, Psychology, Prehistory*, London, 1948.

李亨求:《渤海沿岸早期無字卜骨之研究——兼論古代東北亞諸民族之卜骨文化》,台灣《故宮季刊》第十六卷第一、三期。

劉一曼:《殷墟歠骨刻辭初探》,《殷墟博物苑苑刊》創刊號,一九八九年。

尤玉柱:《舊石器時代的藝術》,《文物天地》一九八九年第五期。

俞偉超:《含山凌家灘玉器和考古學中研究精神領域的問題》,《文物研究》一九八九年第五輯。

印第安人的「饕餮紋」

「饕餮紋」一詞，是所有研究中國古代青銅器的人都熟悉的。這種花紋的主體是動物臉面的形狀，在商周青銅器以及其他器物上非常流行。許多學者曾經探討這種花紋的性質和意義，有形形色色的見解，但一直沒有公認的結論。

「饕餮紋」這個詞的來源，出自戰國末年的作品《呂氏春秋·先識篇》。該篇云：「周鼎著饕餮，有首無身。」到北宋時，研究青銅器的學者就把以動物臉面為主的紋飾叫做「饕餮」。例如呂大臨的《考古圖》卷一描寫癸鼎的花紋，就說：「中有獸面，蓋饕餮之象。」這個詞沿用至今，已經有九百年以上。現代雖有一些海內外學者主張改稱「獸面紋」(animal mask)，這個詞仍為許多人繼續使用。

最近，在《考古學報》一九九〇年第二期上發表

了陳公柔、張長壽《殷周青銅容器上獸面紋的斷代研究》，文中對「獸面紋」即「饕餮紋」作了很好的界說：「其特徵是一個正面的獸頭，有對稱的雙角、雙眉、雙耳以及鼻、口、頜等，有的還在兩側有長條狀的軀幹、肢、爪和尾等。」饕餮紋有時還有種種異形，面如龍、虎、牛、羊、鹿，甚至禽鳥及人，變化奇詭，幾乎不可名狀。

以動物的臉面作為器物花紋的主題，在中國以外也不乏其例。比如日本宮城縣多賀城遺址出土的陶罐，是盛水供祭禮用的，上面便用墨筆繪成人面紋飾（東北歷史資料館、宮城縣多賀城跡調查研究所：《多賀城と古代東北》第五十三頁）。這種紋飾的藝術手法與中國的饕餮很不相同，彼此不能比較。適於同饕餮進行比較研究的，是北美西北海岸地區印第安人的一類花紋。

美國不少學者專門探討過西北岸印第安人的藝術。較早的這方面的權威著作，是人類學家鮑亞士（Franz Boas 或譯博厄斯）的《原始藝術》（Primitive Art 初版於一九一二年）。四十年代以來，對此貢獻較多的，是殷沃拉里蒂（Robert Bruce Inverarity）的一系列作品，如《西北岸印第安人的面具與木偶》、《西北岸印第安藝術》、《西北岸印第安人的藝術》等。一九六七年，殷沃拉里蒂還寫了一篇題為《西北岸印第安藝術及若干時地相遠的藝

術因素的考察》的論文，對印第安人藝術與商周青銅器花紋作了比較研究。這篇文章提交在哥倫比亞大學舉行的「中國古代藝術及其在太平洋地區的可能影響」研討會，一九七四年收入會議論文集出版。

下面我也想以饕餮紋和美洲西北岸印第安人的類似花紋作一對比分析。在討論以前，需要提到饕餮紋的一種特點。

所有饕餮紋都有一個共同處，就是左右的對稱。以圖十九所示的商代饕餮紋為例，假設沿鼻部中央作一垂直線，即把這一動物圖象劃分成對稱的兩半，這兩半都成為獨立的側視形，各有完整的口和前伸的爪；把兩半合起來，又成為完整的正視形，只是面部顯得很寬闊。這種藝術表現上的特點，已有學者注意到，如上海博物館館長馬承源在為《商周青銅器紋飾》寫的《綜述》裏說：「獸面紋既表現為物體正面的形象，同時也是表現物體的兩個側面，我們稱這兩種結合的方法為整體展開法。古人為了全面表現走獸和爬蟲的形象，除了繪成正視的獸面以外，還需顯示獸類的體軀，而體軀只能從側視來表現，並以對稱的方式展開。這是商周時代的藝匠們用正視的平面圖來表現物像整體概念獨特的方法，也可以說是透視畫法產生之前的一種幼稚的和有趣的嘗試。」他還指出，不僅描繪獸類，在描繪鳥類時也用同樣的方法。

　　懂得這種藝術表現方法，可以免除我們對古代器物花紋的不少誤會。例如一種圖象是中間一個蛇頭，兩側有對稱的蛇身，有些學者援引典籍，稱它為「肥遺」，即一頭雙身的蛇。實際上，這不過是同時表現蛇的正視、側視的方法，並非特種的動物。

　　同樣的表現方法，也見於美洲西北岸的印第安藝術。

　　西北岸的範圍，大致說來，是從阿拉斯加東南部直到加利福尼亞北部。鮑亞士和殷沃拉里蒂的研究，所涉及的印第安人部族，依分佈地點由北向南數，有特令吉特（Tlingit）人、海達（Haida）人、欽西安（Tsimshian）人、夸扣特爾（Kwakiutl）人、貝拉‧庫拉（Bella Coola）人、努特卡（Nootka）人、薩利什（Salish）人等等，大都是人類學家熟悉的。圖二十所示的兩幅圖象，出於海達人之手。上面一幅是熊，下面一幅則是星鯊。

　　關於海達人的這種圖象，請讀鮑亞士《原始藝術》書中如下解說，是講那幅熊的：「它只能用這樣一種方式去觀察，就是它的頭部和四肢正好由熊的兩個側面所組成。這種以頭部中線為分界的兩面對稱的圖案，在海達人的這一熊的形象上得到更為清晰的表現。」一九八八年出版的朱狄《原始文化研究》引述了這段話，認為海達人的熊和星鯊圖象「用一種非透視的方法成功地解決了在一個圖形中同時表現一個動物的兩個側面形象的問題」。這和上面

圖十九　商代饕餮紋

圖二十　海達人花紋（據朱狄）

馬承源館長論饕餮紋的話如同一轍，因為兩者的藝術表現
手法確乎是一致的。

　　圖二十一是海達人銀鐲上的三種花紋。最上的一幅
是海狸，鮑亞士描述說：「在圖中可見海狸沿中線分為兩
半。臉面不需要更加說明。前足在面的兩側，足趾朝內，
但身體的其餘部分，除了兩爿尾巴，都被略去了。藝術家
不得不表現尾巴，因為它是動物的象徵。」

圖二十一　　銀鐲花紋（據鮑亞士）

　　中間一幅不是自然界存在的動物，而是海怪。它前似熊，后似鯨，其表現方法與上述海狸相似，也是突出面部和朝內的前肢。身體的其餘部分都被簡化，縮得很小。

　　以上兩幅所用表現手法，和中國的饕餮紋也是一致的。

　　下面的一幅則稍有不同。它所表現的是鷹，也是沿中線分剖為兩半，不過鷹的頭是向後反顧的，以致出現兩個鈎喙，爪尖也變成朝外了。這種手法，在中國饕餮紋中還沒有發現，而與較晚的顧首夔紋、鳥紋相近。

　　大家知道，商周饕餮紋的前身是良渚文化玉器上的饕餮紋。關於這種玉器花紋的性質，海內外已有不少學者做過分析。良渚文化分佈在蘇南浙北，年代是公元前三三〇〇年到前二三〇〇年左右，比商周早了很多，但良渚文化玉器的饕餮紋有很多與商周饕餮紋相同的特徵，其間的關係是顯而易見的。特徵中間的一個，就是良渚玉器的饕餮紋也是可以沿中線分剖為左右對稱的兩半，而且當它有前肢形象的時候，爪尖同樣是朝內的。其所使用的表現手法，也同於美洲西北岸的印第安人藝術。

　　良渚文化這種花紋的最複雜的型式，見於一九八六年浙江餘杭反山出土的大玉琮（《中國文物精華，一九九〇》圖版十三）。由這個新發現的型式，人們才發現，良渚文化這種花紋常有兩個臉面，在一個大的動物臉面之上，加

有一個小的人的臉面。動物臉面的眼睛是卵圓形的，人的臉面的眼睛是棗核形的，很容易互相區別。這樣兩種臉面重疊的圖象，在印第安人藝術中也有，有的還更為繁複，在一個大的動物臉面的局部和周圍，加飾若干小的臉面。鮑亞士的著作中，列舉了特令吉特人、海達人等創造的不少這種圖象。尤其是齊爾卡特（Chilkat）毯子上的紋飾，在動物臉面上疊加較小的人面，與良渚文化玉器花紋極為近似（《原始藝術》第二六〇頁至二六一頁）。良渚玉器上的動物臉面沒有輪廓，人的臉面則近於方形，齊爾卡特毯子的花紋也有這些特色。眼睛的形狀，兩者亦相接近。再有人面的口部，兩者都呲露排齒，相象到令人難以相信的程度。

良渚玉器上，動物臉面的兩側，距離較遠的地方，有時有側視的人面，有時又有一種奇怪的花紋，每每被稱作「鳥紋」。這後者其實不是鳥，因為它的主要部分是卵圓形的眼睛，所以可能是側視而又加省略的動物面。圖二十二所示是一件玉璜，可以看見兩側花紋主體是眼睛，上面有好像鳥頭的部分。有意思的是，印第安人藝術裏也有類似的圖象。如圖二十三是一件特令吉特箱匣上的花紋，其較長的匣側都是動物臉面，較短的匣側則在動物眼睛上加繪鳥頭形的部分，和玉璜花紋非常相似。

由此看來，如果把印第安人的這一類紋飾也稱作「饕

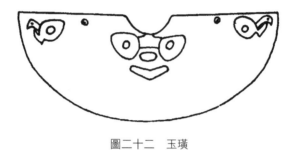

圖二十二　玉璜

圖二十三　箱匣花紋（據鮑亞士）

餮紋」，似乎不算過分。

中國的良渚文化、商周文化，和美洲西北岸印第安人，不管在空間上還是時間上都相距太遠，可是上述相似的現象難道僅僅是出於偶合嗎？

很多年以來，人們在關心着亞洲東部與美洲西部有無文化聯繫的問題。這方面的專著和論文真是太多了，並且幾乎每一年都有新的提法出現，從文獻和文物上找出種種論據。可惜這種論據很難有足夠的説服力，始終未被學術界所公認。所謂「越太平洋傳播」的觀點，至今很少人接受。

近年，美國哈佛大學張光直教授提出「馬雅、中國文化連續體」的假設，他認為這個連續體的地理範圍包括舊大陸和新大陸，其時間至少早到舊石器時代晚期。

他指出：「我們舊石器時代的祖先，他們的文化，尤其是美術、思想和意識形態的發達程度，遠遠比我們現在從極有限的考古資料中（通常只有少數的石器類型）所看到的要高得多。」從這個觀點可以推想，「在二三萬年前到一萬多年以前，人類通過白令海峽到新大陸，在這個源源不斷的過程中，他們具有的文化裝備是相當複雜的。在這種程度很高的文化的基礎上，後來於不同的地方、不同的時間就產生了相似的文明社會」（《考古學專題六講》，第一講，文物出版社，一九八六年）。

　　這一假說對環太平洋地區的考古研究會起很大的影響。如果說商周的饕餮紋可上溯到東南的良渚文化，而良渚文化又恰好在沿海地區，這種花紋的藝術表現方法與太平洋彼岸的印第安人藝術或許確有某種淵源，有待我們深入探討。

　　東亞與美洲上古文化聯繫的問題，本書下面還要談到。

參考文獻

上海博物館青銅器研究組：《商周青銅器紋飾》，文物出版社，一九八四年。

Franz Boas, *Primitive Art*, Dover, N. Y., 1955.

Robert Bruce Inverarity, *Obserations on Northwest Coast Indian Art and Similarities between a few Art Elements Distant in Time and Space, Early Chinese Art and Its Possible Influence in the Time and Space, Early Chinese Art and Its Possible Influence in the Pacific Basin*, 1974.

朱狄：《原始文化研究》，第一章第六節，三聯書店，一九八八年。

Li Xueqin, *Liangzhu Culture and the Shang Dynasty Taotie Motive*, 一九九〇年倫敦大學珀西沃・大衛基金會「商代青銅器紋飾的意義」討論會論文。

土墩墓異同論

　　上面我們談到張光直先生的「馬雅、中國文化連續體」的理論，這使我聯想到六十年代他為凌純聲《美國東南與中國華東的丘墩文化》一書撰寫的序言，其中也涉及東亞與美洲考古文化的比較問題。凌氏此書出版於一九六八年，學者加以評述的並不很多。如果從比較考古學的角度來看，書中所論及的現象還是很有興味的。

　　凌書認為中國和美國都有所謂「丘墩文化」。他所說的丘墩，英文是 mounds，實指人工建造的土墩或土台。根據書中引用的大量美國材料，美國的丘墩，分佈範圍是在洛基山脈以東一直到大西洋岸。由丘墩的用途來分，有的是埋葬墩，有的是房屋墩，有的是形象墩。凌氏主張中國華東地區也有類似的遺跡，彼此應有關係。他自此申論，提倡泛太平洋的（Trans-Pacific）考察研究。

　　「形象墩」一詞比較陌生，這裏先解釋一下。所謂「形

象墩」（effigy mounds），是把土墩修建成特定的形狀，大多是種種動物，例如鹿、熊、狼、狐、水牛、美洲豹、龜、蛇、鷹、燕、天鵝等等。個別還有人形以及直線形的。這一類「形象墩」現存高度，有的僅略突出地表，有的則有幾英尺，甚至二十幾英尺。至於大小，有些頗為驚人，例如威斯康星州南部一帶的「形象墩」，每每長五十至五百英尺；俄亥俄州亞當郡的一座巨蛇墩，竟長至一千三百三十英尺。「形象墩」一部分是埋葬用的，多葬於墩所象動物的頭部或心臟的位置。

中國有沒有「形象墩」這種遺跡？凌氏主張有，他在考古報告和各種載籍裏找出很多以動物為名的墩。不過這些墩是不是人工建成的，尚缺乏報導，有些恐怕是天然的丘阜，只是形狀有似某種動物，從而得名。無論如何，今後在田野調查中，應該注意看一看有否「形象墩」的跡象，不能驟下斷語。

平台形墩，包括下部為錐體，上為平頂的墩，多見於密西西比河下游，多為酋長房屋基址或宗教性建築遺跡，即房屋墩、廟宇墩。在有些地區的墩，兼有居住、埋葬兩種功能。

圓錐形墩多為埋葬墩，其現象確有可同中國的遺存比較之處，所以要仔細加以介紹。

美國東部的這種丘墩，始見於伍德蘭早期（Early

Woodland），約當公元一百年至三百五十年，可以阿登那（Adena）文化作為代表，其分佈在俄亥俄州南部、肯塔基州北部、弗吉尼亞州西部及賓夕法尼亞州一帶。其這一時期的埋葬墩為圓錐形，常成羣，高數英尺到七十英尺。大型墩中常有木質葬具，其外以土牆環繞，呈正方、長方或圓形，有一處缺口。牆逕自五十英尺到五百英尺。因造牆取土，牆內常有一溝。這種大型墩反映墓主身份，「顯然的惟有其社會中的重要人物才能葬入此數墩中」。

密西西比河的主流沿岸，這種墩有圓形、橢圓形兩種，高不過十五英尺。墩中或在地表上挖一葬穴；或鋪石塊，陳屍其上；也有修造石棺或壘石為墓室的。田納西州東部的這種墩，形體多小，墓主置地面上，或有淺穴，上覆石片。另外有的地方還有合葬墩。

到伍德蘭中期（Middle Woodland），即約公元三百五十年到七八百年，埋葬墩又有發展，可以俄亥俄州的霍普威爾（Hopewell）文化為代表。其丘墩常有圓形、長方形或八角形的土牆，牆可長達數百英尺。牆內有的有溝，深數英尺至十餘英尺。土牆設有門道，墩在牆和溝內，有圓錐形的，也有細長形的。這種丘墩羣，是霍普威爾人宗教和埋葬的禮儀中心。以霍普威爾墩羣為例，設有長方形圍牆，牆內有大小丘墩二十九處，最大的主墩原高三十三英尺，長五百英尺，寬一百八十英尺，埋有

一百五十多人。

墩羣的形式有好多變化，有的墩中有石室、木室，有的附有祭壇。這一時期還有分層合葬的墩，如密西西比河谷的一處遺址，係在平台上放置屍體，加以堆蓋，然後逐層上堆。有些地方的丘墩還施行火葬。

實際上，在美國東南以外的美洲其他地點也有丘墩，如凌氏所舉，在中美洲墨西哥的普韋布拉（Puebla）一帶便發現有分層合葬墩，同在美國所見類似。

凌氏引用了不少中國考古材料來與美國的丘墩比較。現在我們可以用近年這方面的新知識，重新考慮一下這個問題。中國確實有一種考古遺存，在形式上同美國的埋葬墩不無相似之處，這就是當前不少考古學者熱心研究的土墩墓。

土墩墓是一種特殊的埋葬形式，其分佈範圍主要在江蘇南部、上海、浙江北部及毗連的安徽一部分地區。當地的學者已就這種墓葬的特點作過綜合描述。據鄒厚本《江蘇南部土墩墓》一文，其特點似可歸納為其下幾項：

墓多在高處，或係丘陵坡地，或為平原突起處。一般是在平地上堆起封土，不挖墓穴，或者只有淺穴。也有時是在原有居住遺址上加以整理，然後埋葬。

土墩多有若干墓葬，僅有一座墓的很少。估計在埋葬第一批墓的時候，堆起封土。以後再要埋葬時，便把封土

挖開葬入。

　　有的墩中墓葬用卵石鋪底或砌出石棺，也有鋪木炭的，這都是少見的例子。極少數還有用火燒烤墓坑的。

　　土墩墓內罕能發現完整的人骨架，有些見有骨屑、牙齒，這大約是埋葬前對屍體做過某種處理的結果。

　　隨葬品多為陶器，其中有幾何印紋硬陶和原始瓷器。出青銅器的墓葬不多，但有內涵非常豐富的，應為墓主身份高貴的表現。

　　土墩墓延續的時代相當長，約自西周直到戰國早期。至於族屬，有的學者主張是當時吳國的土著居民，即古書所說的「荊蠻」。

　　關於一座土墩中包含多數墓葬的現象，學術界曾有些討論，原因是同墩的墓葬年代有時會有比較大的差別。據研究，同一座墩的墓葬應屬一個家族，如江蘇句容浮山二號墩，《考古》一九七七年第五期發表的簡報有所分析：「由於八座墓葬都在一個大封土墩內，所以這一墓地應是一個家族的墓地。其中 M 八所出的一件銅戈，可認為墓主生前的身份曾是一個『武士』。這個墓在墩頂下最深，是最先埋葬的墓主。緊靠其旁的 M 六所出一件陶紡輪，表明墓主生前為一婦女。她很可能就是早死的武士的妻子。其餘六個墓葬均分佈在這兩個墓的四周或它們的上面，有可能是這一對夫婦的子女。」這是一個比較典型的例子。

　　最近一些年，學者們又把眼光集中在流行土墩墓的這一地區的另一類遺存，即所謂「石室土墩」。

　　「石室土墩」最早是五十年代在江蘇吳縣五峰山發現的。現在知道其分佈範圍和土墩墓大略相似，而在太湖周圍為數最多，僅宜興臨湖地區據稱便有一千餘座。這種土墩大多建於山坡上面，沿着山脊排列，故有「烽燧墩」、「藏軍洞」之稱。它的結構是用石塊壘成長形石室，外面用土堆築，成為圓或橢圓形的土墩。這種土墩有的很大，例如吳縣七子山的，高達十米，長三十米。

　　在石室裏面，也發現有陶器一類物品，但沒有找到人骨。很多學者認為，從石室用封土蓋閉看，儘管沒有人骨，還可以肯定是墓葬，稱之為「石室墓」。另外也有論者主張是祖廟、祭天遺址、居住遺址或為鬼魂修造的房舍的。繼續主張軍事設施之說的作者仍然還有，迄今尚無定論。有文章指出，在江蘇南部發現在山上有大型石構建築，比「石室土墩」大得多，因此不能排除「石室土墩」有墓葬以外用途的可能性。也有文章提出，這種墩實際有着多種功能。

　　總的說來，「石室土墩」的發掘還較少，相信隨着當地考古工作的開展，它們的性質不久便會清楚。

　　研究中國土墩墓的學者已經指出，這種葬俗有很古的淵源。從距今六千年的馬家濱文化起，這裏的先民已有

把屍體放在地面上，以土覆蓋埋葬的習俗。到良渚文化時期，便在平地掩土的基礎上，發展成較高的封土，是為土墩墓的先聲。

最近幾年，良渚文化的考古研究有迅速發展，又發現了一些值得深思的現象。

一九八六年發掘的浙江餘杭反山遺址，一九八七年發掘的同縣瑤山遺址，由於墓葬出土了異常精美的古玉，業已名聞海內外考古學界。不過，大概是玉器太重要的原因，對這兩處遺存本身，卻較少人注意了。

反山遺址位於杭州市西北，屬餘杭縣的雉山村。它其實是三十年代發現的良渚遺址的一部分，七十年代調查時已知是一人工建造的土墩。這座名叫反山的土墩目前東西長九十米，南北寬三十米，高約四米。據調查，它原來比現在還要長出十米左右。土墩的結構表明，建造的程序是，先堆築土台，不經夯打，即埋入墓葬，然后覆蓋封土。

在反山已發掘良渚文化墓葬十一座，墓穴為長方形，原有木棺，棺下有承托的低台，圍以淺溝。墓主多僅存牙齒或骨痕，隨葬有陶器及玉石器、象牙器等，還有漆器的遺跡。整個土墩包含多少墓，現在尚不能確計。由出土器物看，墓的年代為良渚文化中期，距今約五千年至四千八百年。

　　瑤山是餘杭縣安溪鄉的一處小山，在反山東北不過五公里遠。山頂係堆土增高，也是一座土墩。發掘簡報提出上面是一處「祭壇」，平面呈方形，由三重組成。最內的一重在「祭壇」偏東部，是紅土台，周圍有灰土圍溝；溝的西、北、南三面為黃褐色土台，鋪有礫石台面。礫石台的西、北邊緣，發現有礫石砌造的「石塂」（護台的牆），作斜坡形。「祭壇」的整個面積約四百平方米。

　　在「祭壇」南半部，發現有兩列墓葬，共十二座，整齊有序（圖二十四）。墓都有墓穴，原有葬具，僅在一墓見到人骨痕跡及牙齒。隨葬物與反山的類似，估計年代比反山略早。

　　發掘者指出，瑤山「祭壇」的墓葬所出陶器，同「石塂」夾雜的陶片年代一致，因此「祭壇」與墓葬是一個時代的。同時，墓葬的位置和「祭壇」的形制有關，墓穴最大、隨葬品最多的 M 十一等剛好在紅土台及圍溝上。這種情形當非偶然，所以發掘者認為兩者是一體的，也就是說土墩兼有埋葬與祭祀兩種功能。

　　上述中國良渚文化的土墩，以及西周以下的土墩墓、「石室土墩」等，年代都比美國的墩早得多。凌純聲書曾提出一種見解，以為「丘墩文化」「紀元前三十世紀左右在華東已存在了！這一文化南向淮河長江流域傳播，同時傳入太平洋中的島嶼，渡過太平洋而至中、南美洲，至

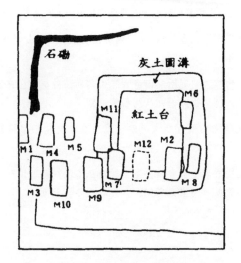

圖二十四 「祭壇」與墓葬

Woodland 時代在北美發現」。這自然需要事實材料才能
證明。但我們如果不考慮傳播的問題，只把兩者作為考古
文化現象來比較，是對研究有所裨益的。

參考文獻

凌純聲：《美國東南與中國華東的丘墩文化》，台灣南港，
一九六八年。

鄒厚本：《江蘇南部土墩墓》，《文物資料叢刊》（六），
一九八二年。

劉建國：《論土墩墓分期》，《東南文化》一九八九年第四—五期。

江蘇省吳文化研究會：《吳文化研究論文集》，中山大學出版社，一九八八年。

浙江省文物考古研究所反山考古隊：《浙江餘杭反山良渚墓地發掘簡報》，《文物》一九八八年第一期。

浙江省文物考古研究所：《餘杭瑤山良渚文化祭壇遺址發掘簡報》，《文物》一九八八年第一期。

餘杭縣文物管理委員會辦公室：《浙江省餘杭縣安溪瑤山十二號墓考古簡報》，《東南文化》一九八八年第五期。

早期的銅器、鐵器

　　從本世紀二十年代末開始，中外許多學者熱心於探討中國古代社會的發展階段問題。到六十年代後期，文明起源又成為學術界越來越有興趣的研究題目。研究這兩方面，都不可避免地涉及金屬時代在中國的開始，包括銅器和鐵器什麼時候被中國人使用的問題。近年來，中國不少地點陸續有早期銅器、鐵器發現，為解開這一謎團提供了新的錢索。考古學家、歷史學家與冶金方面的學者通力合作，取得了不少創造性的成果，是非常值得欣喜的事。

　　可是，在這方面的研究上，總是有一些傳統觀點沒有被打破，成見妨礙了對新的發現和鑒定成果作正確的理解。與此同時，又有少數論著過分估計新發現的意義，得出缺乏依據的推論，造成這種情況的原因之一，是沒有把中國的發現放在世界冶金史的背景中去做實事求是的評價。

　　其實，世界冶金史的觀點也是隨着考古學的進展不斷修正的。比較新的著作，例如泰勒科特（R. F. Tylecote）的《冶金史》和華覺明等的《世界冶金發展史》，就都引用了好多考古新發現。中國方面的有關發現，無疑也會對世界冶金史加以修正和補充。

　　根據世界各地的材料，我們知道，人類用銅是以天然銅的利用開端的。泰勒科特指出，天然銅的發現要比很多人想像的容易得多。這是因為差不多所有大小銅礦，都包含有一定數量的天然銅，史前的人們不難採集到。不少地點發現有用天然銅製作的小件器物，例如銅珠、銅針、銅錐之類，其年代可早到公元前第九千紀至前第七千紀。例如伊拉克北部扎威‧徹米（Zawi Chemi）出土的天然銅飾物，便屬於中石器時代末期，碳十四年代達到公元前九二一七正負三○○年，實足令人驚異。

　　很多人以為天然銅非常純，這個看法並不完全對。科學觀察證明，若干天然銅的結構中常含有方解石之類礦物質，從而為銅帶來一些雜質，如鈣、鋁、鎂、硅，有些時候還包含有砷、銀等等。雖然如此，天然銅終究是較純的，所以如在年代很早的地層中找到較純的銅器，就很可能是用天然銅製造的。

　　最原始的以天然銅製作器物的方法，是錘鍛。例如在伊朗阿里‧科什（Ali Kosh）發現的一件紅銅珠，是用天

然銅造成的。它已經嚴重氧化了，但經觀察，還可以辨別出是由鍛打成零點四毫米厚的銅箔卷製成形。上述公元前第九千紀至前第七千紀的銅器，都是這種錘鍛法的製品。阿里·科什的這件銅珠，即屬於公元前第七千紀。

事實上，天然銅不宜單純冷鍛，必須加熱或退火，否則將導致碎裂。在美洲蘇必利爾湖（Lake Superior）地區，從公元前三千年到公元前一千四百年，持續利用天然銅製作器物。其中早期即所謂舊紅銅時代的銅矛，有的有半爿的銎，有的有插人木柄的尖莖，都是將天然銅加熱，使之變軟，然后錘打做成的。其年代約在公元前三千年至前一千五百年。在舊大陸，也有把天然銅熔化鑄造為錘斧之類器物的情形。

利用天然銅，是真正的金屬時代的前奏，在中國也應當有過同樣的時期。儘管目前還沒有這種發現，有朝一日，如果我們在中石器或新石器時代早期的地層中找到小件的紅銅器，應當記得這是合乎規律的現象，不足為怪。

金屬時代是以發明銅的冶煉為標誌的。在中國考古學中，現代也流行「青銅時代」這個詞，是由外國翻譯來的。有些冶金史家對這個詞並不滿意，因為事實說明，青銅器的出現是比較遲的事。泰勒科特說：「考古學家習慣把第一個金屬時代叫做青銅時代，這是由於以往認為所有的古代銅製品都是青銅的，即銅錫合金。然而現在知道，

真正的青銅時代開始以前，還存在一個很長的期間。科學分析表明，在青銅之前，人們有一個長時期使用冶煉的高純度銅或者含一定量砷或鎳的銅。」（《冶金史》第二章）中文的「銅」這一個詞，可能包括紅銅、青銅、黃銅、白銅等，而英文等語言沒有相當的詞。假如用中文「銅器時代」，就可以避免「青銅時代」一詞的弊病了。

在安那托利亞的恰塔爾休于遺址（Çatal Hüyük），曾發現有礦渣與紅銅共存，年代早達公元前第七千紀，但據報告，鑒定所出銅珠，可能仍是錘鍛過的天然銅。公認無疑的最早的冶煉銅，出自伊朗的雅希亞（Tepe Yahya），年代大約公元前三千八百年。其他可確定的例子，多在公元前三千五百年以後。

含有砷、鎳的紅銅，可以肯定是冶煉製造的。這種標本，最早的有埃及前王朝時期的銅斧，有砷和鎳的成分，估計年代為公元前四千年。巴勒斯坦卑爾舍巴（Beersheba）的銅工具，估計年代是公元前三千五百年，含有砷。土耳其阿穆克（Amuq F.）的銅工具，年代是公元前三千五百年到前三千一百年，含有鎳。特洛伊的銅工具等，年代是公元前三千年，含有砷。捷克斯洛伐克梯巴瓦（Tibava）的銅錘斧，年代、成分也相接近。

迄今在中國發現的年代最早的銅器，是一九七三年在陝西臨潼姜寨一座房屋基址中出土的半圓形銅片。房屋的

文化性質為仰韶文化半坡類型，碳十四年代經校正是公元前四六七五正負一三五年。這塊銅片的成分，含銅約百分之六十五，鋅約百分之二十五，並有少量錫、鉛、硫、鐵等，屬於黃銅。

在蘇聯的外高加索和南烏拉爾，曾經找到過含鋅在百分之三十二以上的天然黃銅。在巴勒斯坦，發現過含鋅百分之二十三點四的黃銅器，年代為公元前一千四百至前一千年，被認為釋由特殊礦石加工而成。山東膠縣三里河的龍山文化遺址，出土兩件黃銅錐，含鋅百分之二十點二至二十六點四，也含有錫、鉛、硫、鐵等雜質，鑒定者指出，這「說明所有原料是不純的，熔煉方法是比較原始的，因此，很可能是利用含有銅、鋅的氧化共生礦在木炭的還原氣氛下得到的」（《考古學報》一九八一年第三期）。臨潼姜寨的銅片和這兩件銅錐類似，應該也是冶煉的，不是天然黃銅。這說明，中國發明銅的冶煉，比埃及、伊朗等地要更早一段時間。

仰韶文化半坡類型的年代，和蘇聯靠近伊朗邊境的安諾文化是接近的。安諾文化也有較多的彩陶。安諾 I 有紅銅針、錐和小刀，大概是用伊朗境內的天然銅做成的；安諾 II 有紅銅矛、斧，值得注意的是有鑄銅用的范。安諾 II 的年代，估計在公元前四千年，和臨潼姜寨銅片的時代相仿。因此，仰韶文化半坡類型出現經冶煉製造的銅器，

絕非不可思議。

安諾文化一般劃為紅銅時代即銅石並用時代，近來中國學者也有主張仰韶文化晚期已進入銅石並用時代的（嚴文明：《論中國的銅石並用時代》），所據材料，除臨潼姜寨上述例證外，有山西榆次源渦鎮的一塊附有銅渣的陶片，經化驗含銅百分之四十七點五，應為冶煉紅銅的煉渣。這一遺址晚於半坡類型，屬仰韶文化晚期，估計年代在公元前三千年左右。同時也有學者提出中國沒有紅銅時代，這與世界冶金史的多數情況不符，能否成立還要看今後的考古發現。

中國目前最早的青銅器，是一九七五年在甘肅東鄉林家的馬家窯類型遺址出土的一件銅刀。同時發現的，還有其他銅器殘片。這件刀發現於一處房屋的北壁下，保存得相當完好。它是用兩塊范鑄造的，弧背短柄，有明顯的嵌裝木柄的痕跡。刀長十二點五厘米，有灰綠色鏽，經分析係錫青銅，含錫超過百分之六。有關地層的碳十四年代經校正為公元前三千年左右。

同一遺址發現的銅器殘片有三塊，都已風化。其中一塊尚可分析，知道曾經冶煉，含錫百分之六點四七、鉛百分之三點四九。

世界上不少地方發現過古代的低錫青銅器，年代較早的見於伊朗、伊拉克、土耳其等地區。最早的例子如伊

朗希薩爾（Tepe Hissar）出土的青銅針，不晚於公元前二千九百年。有的學者懷疑這種青銅，如含錫不超過百分之三，或許是銅礦中原雜有錫而造成，不是人為加錫的結果。東鄉林家的青銅，含錫高於百分之六，恐不能以此解釋。

中國青銅器的出現年代，和兩河流域、埃及相差不多。在兩河流域，公元前第四千紀晚期建立的蘇美爾仍然使用紅銅。到公元前三千年以後，才有青銅器出現，例如烏爾出土的刀片、針，基什出土的銅片，年代均介乎公元前二千八百年至前二千五百年間。在埃及，青銅於公元前二千六百年左右的第四王朝開始出現。另外，在土耳其的阿穆克，發現一件約屬公元前三千年的坩堝，其中銅渣含錫百分之五。

早期青銅器的發現，在世界各地都是零星的。比如在埃及，只是到公元前二千年的中王國時期，才真正進入青銅時代。中國的二里頭文化，即很多學者所說的夏文化，大家都認為是青銅時代，其碳十四年代經校正在公元前一八九〇年至前一六七〇年左右，也正與之相當。

總之，中國早期銅器的發現和研究還很有限，可是從目前的材料看，銅器發展的各個階段不會比其他古代文明更晚。這一點，自然是有很大意義的。

附帶還想談一下早期鐵器，主要是隕鐵器的問題。

　　隕鐵和天然銅一樣，是在自然界中存在的。它的一個明顯特點是含有百分之四至二十六的鎳，是任何鐵礦所不能煉出的。隕鐵也不宜冷鍛，需要加熱或退火。熱處理假如時間過長，會破壞隕鐵特有的維德門施塔特氏結構，使這種結構在金相觀察時模糊甚至消失，於是只能從成分論定其為隕鐵。

　　古代的隕鐵器在不少地點發現過，都是飾物或小型的鋒刃器。例如埃及格爾澤（Gerzeh）的隕鐵串珠，年代是公元前三千五百年；兩河流域烏爾的隕鐵短劍，年代是公元前三千年，其含鎳率，前者為百分之七點五，後者為百分之十點九。隕鐵器直到近現代仍為一些民族，例如愛斯基摩人，在生活中繼續應用。

　　中國古代的隕鐵器，經過科學鑒定的迄今已有四件。

　　一九三一年，河南濬縣辛村發現了一組兵器，共十二件，現藏於美國華盛頓弗利爾美術館，見該館一九四六年出版的《中國青銅器圖釋》（Freer Gallery of Art, *A Descriptive and Illustrative Catalogue of Chinese Bronzes*, Acquired during the Administration of John Ellerton lodge, 1946）。辛村是周代衛國的公室墓地，兵器有的有銘文「康侯」，即衛國第一代諸侯康叔封號；有的有「太保」，即周朝大臣召公的稱號。這組兵器可與後來北京昌平白浮、陝西涇陽高家堡和寶雞竹園溝、甘肅靈

臺白草坡等地的周初兵器相比，時代是清楚的。

辛村兵器中有一件鐵刃銅鉞、一件鐵援銅戈。它們的青銅器基部上，都有精緻的花紋，接近於商代晚期的風格。鉞、戈上面鑲入的鐵質部分，都經過科學鑒定。鉞的鐵刃據化學分析含鎳百分之五點三，電子探針分析高鎳區達到百分之二十二點六至二十九點三，並且觀察有維德門施塔特氏結構。戈的鐵援據化學分析，含鎳也達到百分之五點二。

一九七二年，河北藁城臺西的商代墓葬中出土一件鐵刃銅鉞，其時代據同出器物是略早於殷墟時期。鉞的形制比較簡單，青銅基部上只飾有乳釘紋。鐵刃經分析，估計含鎳在百分之六以上。一九七七年，北京平谷劉家河的商代墓葬裏也發現一件鐵刃銅鉞，時代與臺西的差不多，也在公元前十四世紀左右。這件鉞形制更小而樸素，鐵刃含鎳也較高，但沒有準確數據公佈。

中國這幾件隕鐵器，年代要比埃及、兩河流域等地的晚了許多，但它們有一些值得注意的特點：

第一，它們都是把隕鐵錘鍛成刃，嵌裝在青銅的基部上，這在世界上是獨特的。愛斯基摩人有以隕鐵嵌在海象牙柄上的例子，據鑒定鐵刃是用石錘鍛成的，可是他們不知冶鑄金屬，更不能把兩種金屬鑄接在一起。中國商代前期的青銅器，已有將部件分鑄，然後鑄接到一處的，這在技術上為鐵刃銅兵器做好了準備。

　　第二，商代有不少玉刃的銅兵器，其嵌裝形式與鐵刃兵器近似。不過，根據現有的知識，所有玉刃兵器都是商代晚期的，比藁城、平谷兩件鐵刃兵器晚一個階段。因此，玉刃兵器並不會給鐵刃兵器以任何啟示，實際情況毋寧說是相反。

　　第三，幾件鐵刃兵器的共同特點，是以鐵用於起切割作用的部位，充分利用了鐵更為鋒利的性能（河北省文物研究所：《藁城臺西商代遺址》，第一六九頁）。

　　第四，透視濬縣辛村的兩件兵器，發現鉞的鐵刃嵌入青銅基部的部分有成排的淺穴（玉刃兵器曾發現有類似結構），戈的鐵援嵌入部分則有鑰匙形的榫。其目的是為了把鐵質部分牢固地鑲鑄在青銅基部裏面，不致因兩種金屬膨脹率的差異而動搖脫落。

　　以上幾點表明，中國很早就了解了鐵的一些性質，而且將這種知識巧妙地應用到隕鐵刃兵器的製造中去。看來中國早期鐵器的發展，比早期銅器更有自己的特色。

參考文獻

R. F. Tylecote, *A History of Metallurgy*, The Metals Society, 1976.

華覺明等：《世界冶金發展史》，科學技術文獻出版社，一九八五年。

北京鋼鐵學院：《中國冶金史論文集》，《北京鋼鐵學院學報》
編輯部，一九八六年。

嚴文明：《論中國的銅石並用時代》，《史前研究》一九八四年
第一期。

金正耀：《中國金屬文化史上的「紅銅時期」問題》，《中國社
會科學院研究生院學報》一九八七年第一期。

甘肅省文物工作隊、臨夏回族自治州文化局、東鄉族自治縣文化
館：《甘肅東鄉林家遺址發掘報告》，《考古學集刊》第四集。

R. J. Gettens, R. S. Clarke Jr., W. T. Chase, *Two Early Chinese Bronze
Weapons with Meteoritic Iron Blades*, Freer Gallery, 1971.

古埃及與中國文字的起源

古埃及與中國的文字，起源都很早，所包含的象形成分也都比較多。在歐洲，曾有不少論作試以古埃及文字與中國的漢字相比較。最早這樣做的，大約是一十七世紀德國的耶穌會士祈爾歇。他的有關看法，是在一六四五年於羅馬出版的作品中首次披露的。一六六七年，他所著《中國圖說》出版於荷蘭的阿姆斯特丹，書中有一章專門討論這一問題。他認為，《聖經》所載閃的子孫率埃及人來到中國，傳授了古埃及文字，中國人學得並不完全，自己又加上一些創造，結果成為另一種文字系統，就是漢字。

一七一六年，法國學者尤埃在其《古代商業與航海史》一書裏，也提出類似的見解。他主張古埃及與印度互有交通，埃及文明即通過印度傳入中國。他從好多方面論證中國和埃及風俗習慣的相似，對兩國都使用象形文字尤為強調。另一位法國學者德梅蘭的見解也差不多，他自

一七三二年起，寫信給在北京的朋友法國耶穌會士巴萊南，其中講述了他關於古埃及文明傳入中國的看法。和尤埃一樣，他也強調中、埃古文字都是象形文字。德梅蘭的這些信件，一七五九年彙輯成書，在巴黎出版。

影響最大的是法國研究中國的著名學者德經（Joseph de Guignes）。德經是著《中國文典》的傅爾蒙（Etienne Fourmont）的弟子，以《匈奴突厥起源論》、《北狄通史》等著作聞名於世。一七五八年十一月，他作了題為《中國人為埃及殖民說》的講演，不僅以漢字的象形和古埃及文字對比，而且提出漢字筆劃中包含有字母結構。例如他認為漢字的「父」是由 I 和 D 構成的，應當讀為 Jad 或 Jod，這就和保存古埃及語成分的哥普特語的 Jod（父）一致了。他的結論是，中國文明同希臘文明一樣，是由古埃及人啟發的。德經的這種說法，曾受到錢德明（Jean Joseph Amiot）等熟悉中國文化的傳教士的反對，但由於他極負盛名，觀點還是傳播開來，以致有些後來的人把祈爾歇到德梅蘭的著作都忘記了。

德經以後，作類似的對比嘗試的人又有許多。如有讀者願知其詳，可看日本後藤末雄所著《中國思想西漸法國史》一書的第六篇。

實際上，在德經的時候，古埃及的文字尚未得到解讀。直到一八二二年，法國學者商波梁（François

Chamopllion，今譯商博良）才找到解讀的鑰匙。中國商代的甲骨文，則是在一八九八年末發現，一八九九年才鑑定的。僅從這一點看，在十七八世紀正確認識這兩種古文字的起源，以及其間有沒有關係，就是不可能的。

直到很晚的年代，仍有人主張中國的漢字源於埃及，日本的板津七三郎是一個例子。他在一九三三年出版了一本《埃漢文字同源考》，兩年後又出版其《重訂及補遺》，對兩種古文字作了大量的比附，甚至講中國傳說中的河出圖，洛出書，載負圖書的龍馬、靈龜都是船，是埃及文明由黃河登陸的證據。其實他不但於古埃及文字所知有限，對中國古文字也沒有多少知識，著書時依靠的不過是高田忠周《古籀篇》和《朝陽閣字鑑》、《漢字詳解》這樣幾部書。看板津氏書的緒言，他在一九一一年初「偶得古銅瓶，朱紫碧綠可掬，而緣邊蝕損，鏽塊硬着。經辛苦剝除底部青鏽，見有如同繪畫的陰刻原始文字，右轉左回，猶難判讀。對照《積古齋鐘鼎彝器款識》，漸知為商代父辛尊彝銘。因如此動機，感覺考究原始文字的興味，遂馳思於探索其起源，想到世界文字的同祖一元說」。這件「古銅瓶」見書中圖版，其實是漢代的銅鈁（方壺），銘文是偽刻。圖版「河南發掘獸骨板」，也不是真的甲骨文。由此可知，作者是缺乏研究文字起源問題的條件的。

那麼，中、埃兩種古文字是不是沒有什麼可比較的呢？

近年，由於考古工作的迅速發展，已經為探討中國文字的起源提供了大量的新線索。一九六三年出版的《西安半坡》發掘報告，便初步指出仰韶文化陶器上的刻劃符號可能與文字起源有關。隨後，海峽兩岸都有學者對這些符號作了研究。一九七二年，郭沫若在《古代文字之辯證的發展》一文中，認為仰韶「彩陶上的那些刻劃記號，可以肯定說就是中國文字的起源，或者中國原始文字的孑遺」，可為這種學說的代表。一九七七年，唐蘭作《從大汶口文化的陶器文字看我國最早文化的年代》一文，又提出大汶口文化陶器上的刻劃或繪寫的符號是文字。仰韶文化半坡類型的絕對年代約為公元前四千年左右，出現陶器符號的大汶口文化晚期不晚於公元前二千五百年。

一九八四年到一九八七年，在河南舞陽縣的賈湖遺址幾座墓葬中，出土了三片刻有符號的龜甲和一件有符號的石器，符號的形狀，和商代甲骨文很相似。遺址是相當裴李崗文化的，年代要早於公元前五千五百年。

這一類陶器或其他器物上的符號，例子還有許多。對其性質，學術界正在進行討論。

古埃及文字的起源問題，近年也有新的突破。一九八二年，美國出版了一本題為《埃及象形文字的先王朝起源》的書，作者是西弗吉尼亞大學的阿奈特（William S.Arnett）。他根據年代約為公元前四千年到公元前三千

年間的一批遺址的材料，對古埃及文字的起源提出有趣的見解。他認為，古埃及文字的發祥地不在尼羅河三角洲，而在其南方尼羅河河谷地區的上埃及，先王朝時期的遺址大多分佈在那裏。他特別提到，先王朝時期晚期（約公元前三千五百年到前三千年）十一處遺址都集中於上埃及。

先王朝時期居住遺址和墓葬出土的遺物，主要是陶器，其中彩陶佔很大比例。很多陶器上有繪寫、浮雕或刻劃的符號。阿奈特認為，古埃及文字正是從這種符號發展形成的，所以他的書中有一章就題為《彩陶與陶器符號──象形文字的濫觴》。陶器符號往往和紋飾有一定關係，其淵源可追溯到公元前四千年，但陶器符號的特點是用來表示器物屬誰所有，是所有關係的標誌，這就不再是一種藝術的表現了。

例如，圖二十五之一所示的是在第爾塔薩地方出土的陶片，年代近公元前四千年。在陶片上可見兩個繪寫的符號。上面左邊的符號象樹葉形，和後來古埃及文字中的「樹」字（圖二十五之二）相似，同「扇」字（三）也有些相像。這個符號本義可能就是樹葉，也可能象徵性地意指樹木或扇子。下面的符號象由器皿中傾倒出液體，類似古埃及文字的「酹」字，後者意思是以酒沃地（四）。這個符號表現液體流出的方式，和古埃及文字的「嘔」字（五）也相一致。

　　圖二十五之六是古埃及文字的「土」字，意指土地、國土、地區等。先王朝時期陶器符號不少與這個字相像，如七所示。

　　古埃及文字的「星」字作五角星形（八）。如加上一個圓圈，則意為陰間（九）。陶器符號有同形的，如十係刻劃而成，十一則是在陶罐上繪寫的。陶器符號十二可能同上面提到的陰間一字有關。

　　圖二十五之十三的古埃及文字，意為牛皮，陶器符號有與此基本相同的（十四）。在納卡達出土陶器上也有這個符號（十五），但是更複雜一些。

　　圖二十五之十六古埃及文字 Ka，意為靈魂，是了解古埃及文化的人都熟悉的。十七是在塔爾坎發現的古璽印痕上面的符號，和這個 Ka 字幾乎完全相同。陶器刻劃符號也有 Ka，只是簡化為線條形，例見十八。

　　這一類例證，阿奈特的著作還列舉了許多。按照他的看法，古埃及文字最常見的若干表音字，如 k，y，p，n，r，h，š，t 以及不少表示天象、地理概念的字，都能在陶器符號間找到其起源。

　　談到這裏，讀者不難發現，阿奈特關於古埃及文字起源的學說和中國學者對中國文字起源的探索有明顯的共同點：

　　首先，雙方都認為古文字的起源應上溯到遙遠的史前時代，雙方所推溯的年代也差不多。

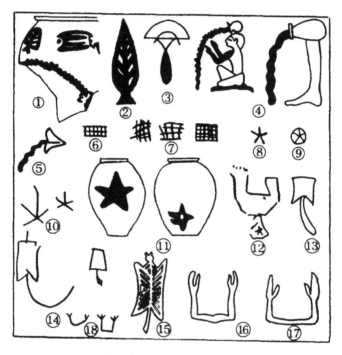

圖二十五　埃及符號和文字

　　其次，都認為陶器以及一些器物上的符號是文字的前驅。陶器符號有的是圖形，有的只是幾何形，過去多被理解為藝術性的裝飾，或者同語言沒有聯繫的標記，但與較晚的文字結合在一起來分析，就可以看出其間的發展脈絡。

　　第三，陶器符號總是在器物的特定部位上，而且一般限於較小的局部。比如圖二十五之十一所示陶罐上的「星」，便和只起藝術裝飾作用的花紋不一樣。中國仰韶文化的符號多在陶缽口沿下，大汶口文化的符號多在陶尊腹壁外，也不同於普通花紋。

　　第四，陶器符號常被用來表示所有關係，如器物屬於某人或某一家族、氏族所有。有的還可能是製造器物的個人或家族、氏族的標記，這也可說是一種「所有」關係。

　　由此可見，古埃及文字和中國的漢字雖然是兩種獨立產生發展，彼此沒有影響關係的文字系統，但其萌芽與形成的途徑還是能夠互相比較的。對這兩種古文字的起源探討研究，只要不牽強附會，確有不少值得雙方借鑒參考之處。

參考文獻

李學勤：《考古發現與中國文字起源》，《中國文化研究集刊》第 2 輯，復旦大學出版社，一九八五年。

河南省文物研究所：《河南舞陽賈湖新石器時代遺址第二至六次發掘簡報》，《文物》一九八九年第一期。

I. J. Gelb, *A Study of Writing*, The University of Chicago Press, 1963.

Wagne M. Senner edit., *The Origins of Writing*, University of Nebraska Press, 1989.

William S. Arnett, *The Predynastic Origin of Egyptian Hieroglyphs*, University Press of America, 1982.

莫東寅：《漢學發達史》，文化出版社，一九四九年。

「片雲戚」的故事

這裏要講的故事，是由三次出人意料的發現構成的。

第一次發現，是在三十年代。一九三六年，當時北平的古董商黃濬印行了《尊古齋所見吉金圖初集》，書中有一件異形戚，並沒有引起多少人的注意。古文字學家于省吾獨具慧眼，對它作了專門的研究，寫成《釋歲》一文，收入他一九四一年出版的《雙劍誃殷契駢枝續編》，附有戚的圖形。這件戚和常見的商代戚大不一樣，戚身中央有一圓孔，沒有裝柄的內部，刃寬而呈弧形，兩尖向後捲曲。于先生認為，甲骨文「歲」字作 或 ，即這種戚的象形。他說：這件兵器「其闊刃處作弧形，有類於近世武術家所用之月牙斧，其上下刃尾卷曲回抱。由是可知， 字上下二點，即表示斧刃上下尾端回曲中之透空處。其無點者，乃省文也」。

按「歲」、「戚」兩字音近相通，《詩·泮水》「鸞聲

嘰嘰」,《説文》引作「鸞聲鉞鉞」,所以把這種兵器稱作鉞,是合適的。

形制與這件異形鉞相似的,有一九三三年出版的梅原末治《歐米蒐儲支那古銅精華》中的一件,列為該書雜器圖版九六。那件鉞的樣子和黃濬的鉞差不多相同,但是有長方的內部。內上有一個小穿,飾為體夔紋,類似商代的其他兵器,這也就把這種鉞的時代確定了。梅原氏發表的那件鉞,收藏在加拿大皇家安大略博物館。

近年在英國倫敦古董行有又一件同樣類型的鉞出現。其刃部寬展,成為弧形,刃尖也是卷曲的。鉞身沒有圓孔,有長方形內,內上有一穿,並有「兮」字銘文。這件鉞身部有華麗的紋飾,上面是由兩條生「瓶形」角的龍合成的饕餮面,龍口下是一種獸首蛇身的怪物,被龍攫於利爪之間,意象的神祕奇特,是罕見的(此鉞已輯入作者與美國達特默思學院艾蘭教授合編的《歐洲所藏中國青銅器遺珠》,圖版六十六,文物出版社,一九九五年)。甲骨文裏有商王在兮這個地方占卜的記載,有的還提到后妃生育的事,所以兮不會離當時的王都很遠,兮這個族氏應該是王朝的貴族。

以上這三件鉞,共同特點是弧刃卷尖,有的有裝祕的內。它們屬於商朝,但其形制奇異,可能有特殊的來源。我們把這種鉞叫做異形鉞甲型。

　　第二次發現，是在七十年代。北京的文物工作者在銅廠的廢銅中細心揀選，找到了一件造型異常的鉞，一九八二年在北京市文物工作隊和首都博物館舉辦的「揀選古代青銅器展覽」中展出。這件鉞身部和刃部很像上述甲型鉞，也是弧刃卷尖，但身上有三個起緣的圓孔。不同的是，這件異形鉞有筒狀的銎，用以插柄。銎的橫斷面是橢圓的，上小下大，銎上有四道突起的箍。箍上緣和下緣都飾有網格紋，箍間則飾以直線紋、鋸齒紋，靠中的兩箍還有長方形孔。銎背中間有瓜棱形鈴，上下各有一立獸。

　　這件鉞傳出自陝北榆林，間出一地的有一件馬首曲柄短劍，劍柄上有與鉞銎相似的花紋。像這件短劍的帶動物首的劍或刀，在陝西綏德、河北青龍等地都出土過，是北方民族的典型器物。異形鉞上的紋飾、鈴、立獸等，也如北京文物工作者所說，有明顯的「北方民族文化風格」，而它與甲型鉞的關係又是相當清楚的。

　　其實，類似的鉞在很久以前已經見於著錄了。北宋晚年編成的《博古圖》卷二十六第五十頁有所謂「漢片雲戚」，說明云：「形戚也。戚，斧屬，又為樂舞之器。此若片雲狀，而兩端微卷，中作三圓竅，容柄處為三耳。蓋戚以玉為柲，柲即柄也。所謂朱干玉戚者，此其戚歟？」該器和北京揀選的鉞同形，鉞身也有三個圓孔，只是孔周起緣有橫線向刃伸出。其銎分成三截，像商代的一種長

刀。「片雲戚」是一個很美的名字，按照北宋人的想法，
所有這種異形鉞都可以叫做「片雲戚」了。

直到清代，還用過「片雲戚」這個名稱，乾隆時的
《西清古鑑》卷三十七第九頁有「周片雲戚」，說明云：「若
片雲狀，兩端微卷，與《博古圖》所載合。微異者，柄旁
有鈴，製如鏡，振之有聲，此則《樂記》謂鐘鼓干戚所以
和安樂者是已。」這一件鉞十分接近北京揀選的，不過沒
有立獸的裝飾。

上海博物館藏有一件鉞，弧刃卷尖，鉞身有兩個起
緣的圓孔。筒狀銎上有四道箍，飾密點紋，還有兩處長形
孔。銎背有方形突起，很像是內（馬承源：《中國古代青
銅器》圖版十三，2）。

以上四件鉞，共同特點是弧刃卷尖，有裝柄的銎。
它們屬於北方民族，花紋有其共性。我們稱之為異形鉞
乙型。

《西清古鑑》卷三十七第六頁有另一件鉞，題作「周
舞戚二」。它的刃也寬而呈弧形，可是沒有刃角，成為卵
圓形。鉞身有七個圓孔，都起緣，有向刃伸出的橫線。筒
形銎，有三處長方形孔，並飾有直線紋、鋸齒紋。銎背沒
有鈴，而有三個很小的繫環。這件兵器同乙型鉞接近，無
疑是同一類文化的產物。

我還見過一件鉞，與「周舞戚」形近，只是鉞身僅有

一個起緣的圓孔，身面滿佈平行的橫線。日本天理參考館
也有一件三孔的這種戚。

一九八二年，在青海湟中潘家梁出土了一件戚，與
《西清古鑑》的「周舞戚」幾乎完全相同（《中國美術全集》
工藝美術編四青銅器（上）九八）。現在知道，它原來是
屬於卡約文化的。卡約文化是分佈在青海東部的一種青銅
文化，碳十四測定的年代可早到公元前十六世紀。

同型的戚還有在更西的地點出土的。青海都蘭的諾
木洪曾發現一件，戚身有五個圓孔，其他特點都同於湟中
潘家梁的那件。這個地點在青海湖以西，已經靠近東經
九十八度線。

以上這五件戚，共同特點是弧刃無尖，有鋬。它們屬
於西北古代民族，與乙型戚比較接近。我們把它們叫做異
型戚丙型。

根據上面的敍述，不難看出，異形戚的三種型式的分
佈是由東至西。甲型戚在中原的商王朝，乙型戚在陝北一
帶，丙型戚則在青海地區。這些異形戚的時代估計都差不
多，即相當商代晚期。關於戚的來源，就要談到我們故事
中的第三次發現了。

一九八二年，在陝西偏北的淳化黑豆嘴發現了四座古
墓，其中編號為 CHXM2 的一座，出土的一件異形戚（圖
二十六）非常特別。這件戚中心有一圓孔，起緣，有向刃

伸出的橫線；刃為弧形，兩尖與銎相連，形成一對半圓形的孔。鉞銎上小下大，呈斷面為橢圓的筒形，有三個長方孔，飾網格紋，銎背有三個小繫環（《考古與文物》一九八六年第五期第十三頁，圖一，9）。

差不多同時，在倫敦、紐約的古董行裏也出現了一件異形鉞，形制和淳化的幾乎全同。一九九○年，它在香港「中國古代與鄂爾多斯青銅器展覽」上陳列，收入《青銅聚英》圖錄（Jessica Rawson and Emma Bunker, *Ancient Chinese and Ordos Bronzes*, The Oriental Ceramic Society of Hong Kong, 1990, Catalogue No. 57）。

淳化的墓，年代可由所出的爵推定。爵是有扉棱的圜底爵，接近殷墟武官村大墓的出土品，所以屬於商代晚期

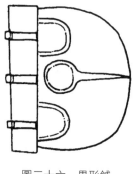

圖二十六　異形鉞

中段。從這裏，我們也就知道了這兩件戚的大致時代。就類型而言，兩戚和乙型、丙型戚都有區別，應單獨稱作異形戚丁型。

值得是注意的是，丁型戚的形制有些像古代西亞和埃及流行的兵器。羅森夫人在《青銅聚英》中説，書中著錄的那件戚「銎和刃雖然是鑄成一體的，給人的印象卻是扁平的刃部插在木柄上。用筒形銎安裝木柄的斧戚，是由西方傳到中國周邊地區的。形制有關的斧戚已知出於黎巴嫩、敍利亞，有些例子還來自伊朗。看來它們穿越了亞洲陸地的大部分，傳播到中國邊境」。

下面讓我們介紹一下西亞和埃及類似兵器的演變情。

該地區的斧戚類兵器，一般認為始於公元前第三千紀的敍利亞、巴勒斯坦地區。這是一種用內裝柄的銅戚，弧刃，有向後背曲的兩角。圖二十七所示，出土於巴勒斯坦的耶利卓（Jericho），類似的標本還有一些，時代在公元前三十二至前二十六世紀之間，這種戚形似希臘字母 ε，因而得名為 ε 形戚。在兩河流域，阿卡德時代也出現了這種戚，並且為了加固，有的戚把內與刃角聯接起來，成為後來所謂「眼形戚」的前驅。

埃及的一件前王朝時期石罐殘片上，曾出現類於上述戚的圖形，這要比巴勒斯坦和兩河流域更早，但學者對這一孤證表示懷疑。通行的見解是，上述 ε 形戚係於公

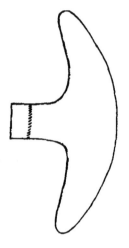

圖二十七　ε形鉞

元前第三千紀末由西亞傳進埃及。

在 ε 形鉞出現前，埃及已經有了一種刃部作半圓形的鉞，有突出的上下闌和小圓穿，用繩固定在柄上。半圓形鉞到公元前二十五世紀，逐漸變窄，形如橘瓣，仍用繩來固定。安塔（Anta）墓葬中的石灰石雕刻和撒卡拉（Saqqarah）的壁畫上，都可以看到埃及士卒使用半圓形鉞。公元前二十一世紀後，ε 形鉞在埃及流行，它的內和刃角都嵌進柄內，用釘或繩固定，更便於使用（圖二十八）。有的還有金屬（如銀）的柄。

公元前第二千紀前半，在敍利亞、巴勒斯坦一帶，出現了所謂「眼形鉞」，也傳入埃及。敍、巴地區的這種鉞，

大多有鐟，而埃及的以無鐟的為主。圖二十九左方的一件
銅鉞，有兩個形如大眼的圓孔，不難看出是自 ε 形鉞變
化而來。它出於埃及，現藏在倫敦的不列顛博物院。右方
的一件則是禮儀用的金鉞，也有兩大圓孔，附有金製的網
狀鐟，屬於埃及第十二王朝，藏於黎巴嫩貝魯特博物館。
「眼形鉞」在公元前第二千紀曾盛行一時。

　　現在大家可以看出中國的異形鉞和西亞、埃及的鉞的
相似性。尤其是丁型鉞，和「眼形鉞」中有鐟的一類確頗
相像。這究竟是否有傳播影響的關係，目前尚難定論，因
為如果這種異形兵器真有遙遠的來源，就需要指出它是通
過怎樣的途徑傳來的，舉出其間具體的鏈環。現在我們不
但尚未得到這方面的線索，連中國境內異形鉞幾個類型之
間的關係，情況也欠明朗，至於器物屬於什麼古代民族，
更不清楚，這就有待將來的工作了。

　　自從北宋的學者把上述乙型鉞命名為「漢片雲雲戚」
以來，時光已流逝了近八百年，異形鉞的問題仍然是一個
饒有興味的謎。我們的故事，目前也只能講到這裏為止。

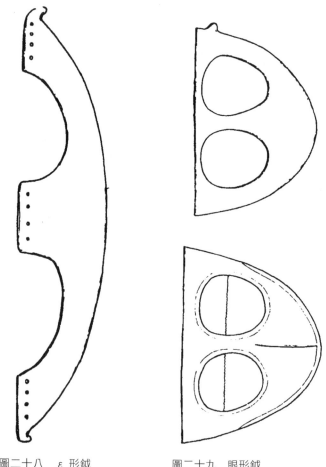

圖二十八　ε形鉞　　　　　　　圖二十九　眼形鉞

參考文獻

林巳奈夫：《中國殷周時代の武器》，日本京都大學人文科學研究所，一九七二年。

李學勤，《北京揀選青銅器的幾件珍品》，《文物》一九八二年第九期。

Yigael Yadin, *The Art of Warfare in Biblical Lands, in the Light of Archaeological Discovery, Trans.* by M. Pearlman, London, 1963.

二十

中、日、英三國出土木簡

　　紙是中國發明的。中國在發明紙並加普遍應用以前，書寫材料主要是竹或木製成的簡牘。較寬的一塊塊的長方版，叫做「牘」；較窄的長條，則叫做「簡」。簡常用絲繩或類似物品編綴起來，這稱為「冊」。《尚書・多士》記載，西周初年，周公告誡殷遺民說：「惟爾知，惟殷先人有冊有典，殷革夏命。」「典」是大冊，由此可知商代已經有用簡編成的冊了。殷墟出土的商代甲骨文，還有好多的商代金文，都有「冊」字，字的形狀正像以一支支簡編連而成，證明當時確有簡的存在。可惜至今為止，在田野工作中尚未發現商代簡的實物。考古發掘所得到最早的簡，是湖北隨州擂鼓墩一號墓出土的，時代是戰國早期，即公元前五世紀後半。近年來，中國各地簡牘的發現越來越多，內容非常重要，整理和研究簡牘成為特殊的一門學問，社會上對古代簡牘的了解和關心也大為加深了。

　　簡牘的衰落在東漢晚期已頗明顯，但直至晉代還有不少簡牘實物在考古工作中發現。《初學記》卷十一引《桓玄偽事》，云桓玄命「今諸用簡者皆以黃紙代之」，代表了以紙代簡的趨勢。總的說來，在公元四世紀以後，簡牘已歸於消滅。一九七二年在甘肅武威小西溝峴曾發現一件西夏文木簡，係僧侶「施食放順」時所用（甘肅省博物館：《甘肅武威發現一批西夏遺物》，《考古》一九七四年第三期）。這件簡長二〇點七厘米，寬五點七厘米，恐以稱「牘」為是。一九九〇年七月，在寧夏賀蘭宏佛塔中又發現一件西夏文木簡（《中國文物報》）一九九〇年九月六日）。這乃是中國古代簡牘的孑遺。

　　簡的出現無疑以中國為最早，但卻不是中國獨有的。與中國相鄰的日本，也有長時間使用木簡的歷史。日本的木簡開始出現的年代，中國基本上已不用簡了，但兩國的簡彼此還是有不少相似的地方。

　　日本木簡有傳世品，即正倉院所珍藏。據大庭脩教授所述，一九七七年在正倉院展覽中陳列了其中五件，都是獻物牌，即上端略圓，並有一穿孔的木牌，上面有墨書文字，如「橘夫人」、「藤原朝臣袁比」等。這種獻物牌，原來是繫在大佛開眼會上獻納的物品上面的，所以分別記有獻納者的名號，日本學者稱之為「付け札」，正倉院有約四十件。另外又藏有文書木簡十件，例如天平勝寶五年

三月二十五日的裝束司牒，長五點一五厘米，寬五點四厘米，正反均有墨書文字。天平勝寶是日本孝謙天皇年號，五年即公元七五三年，中國唐玄宗天寶十二年。

出土的日本木簡，最早的例子是在一九三○年，在秋田縣仙北郡的拂田柵遺址發現了兩支。從那個時候起，木簡在日本許多地方陸續出土，其年包括有飛鳥、藤原、難波、近江、長岡等宮址，太宰府、出雲國廳、美作國府、周防鑄錢司及伊場遺跡等地方官衙，多賀城、拂田柵等軍事基地，都發現了古代木簡。在福山的草戶千軒町遺跡、福井一乘谷遺跡，還出土有日本史的「中世」甚至「近世」的木簡。出土簡數最多的是平城宮址，過去所出已有兩萬多支，有《平城宮木簡》專書出版，近年聞又有新的大量發現。有關論著更是層出不窮。

在這樣的條件下，日本出現了「木簡學」一詞。首先正式使用這個詞的，是坪井清足先生。他於一九七四年十一月，在東京大學舉行的史學會第七十二屆大會上，作了題為「木簡學的提倡」的講話。五年以後，日本的許多位學者組成了專門的學術團體木簡學會，出版年刊《木簡研究》，學會以岸俊男為會長，大庭脩、平野邦雄為副會長，這個陣容表明該會的研究範圍不限於日本簡，也把中國簡包括在內。

上面說到，正倉院的木簡有文書和「付け札」，實際

上日本木簡就主要是這樣兩大類。文書有的是狹義的文書，即官府間往來的文件，如有關人員的召喚、物品的請求和授受等事項。還有的是計簿之類，如錢的出納、人員的就職的記錄。「付け札」即籤牌，有的是掛附在地方進納的調庸等物品上的，記有進納者的國郡鄉里、戶主姓名、稅目、品名、數量、年月日等；有的則為整理保管物品時所用，如藤原京、平城京所出，記有物名和數量。

此外，藤原京出土的木簡還寫有宣命的，平城京出土的有抄寫《本草集注》、《文選》、《千字文》或詩句的，據研究都是習字。

日本木簡有種種不同的形制，一般不像中國簡那樣窄長。較標準的長約二十厘米，寬約二至三厘米。有些上端兩側有缺口，有些上端作圭首形而下端削尖。日本簡也有像中國簡那樣編聯成冊的，只是聯綴的方式不同。例如平城京出土的「考選木簡」，內容是關於官吏考課銓敍的，在每支簡的上端五分之一處側面有穿孔，可以穿繩將簡串連起來。

以上所述，是根據大庭脩先生的論著。熟悉中國簡牘的讀者，不難發現中、日簡的許多共同處。比如，中國簡很多是文書，計簿也不少。中國也有物品上所用的籤牌，長沙馬王堆漢墓的隨葬品多繫掛木籤，籤上墨書物品名稱。（在陝西西安的西漢未央宮遺址出土三萬多片骨

籤，上刻有各地工官向朝廷進納器物的名稱、規格、工匠
的姓名以及年月等，更近似日本的籤牌，見《中國文化》
一九九〇年春季號。）敦煌、居延等地的木簡，習抄通行
書藉如《倉頡篇》、《急就篇》之類的，也很常見。

恐怕很少人知道西方也有木簡，而且和中國簡有可相
比較之處，這便是英國的文得蘭達木簡。

文得蘭達木簡是近年一項新的考古發現。一九八三年
在倫敦出版了簡的整理報告，作者為鮑曼和湯瑪斯二位，
書名《文得蘭達拉丁文木簡》。一九八五年，日本《木簡
研究》第七號發表了田中琢氏所寫《英國出土的羅馬木
簡》，扼要介紹了這一重要發現。

大家知道，英格蘭、蘇格蘭和威爾士合稱不列顛。
不列顛島的中腰，有一條橫貫東西的古城牆遺跡，名叫哈
德連長牆，可稱是外國的「長城」。我在英國旅行時，曾
經看到過。哈德連是羅馬皇帝，公元一一七至一三八年在
位。長牆是該時羅馬帝國為了防守邊境建築的，修造時間
在公元一二二至一二五年間，即相當中國東漢安帝延光年
間。文得蘭達是一座古城堡，正好位於哈德連長牆中段南
側，離長牆約一點五公里。

文得蘭達城堡的初建，比哈德連長牆稍早一點。原來
在後來建造長牆的位置的南邊，有過一條防線，叫做斯坦
凱得防線，其走向與長牆平行。防線由一系列城堡和寨子

構成，城寨之間有道路聯繫，還有濠溝。文得蘭達是這種城堡中的一個，駐有步兵，擔任巡邏道路的防務。

這座城堡最初為長方形，環以土垣和濠溝，南北長一點七公里，東西寬零點八公里，駐屯約五百人。到公元九五年（漢和帝永元七年）左右，向東方擴建，成為邊長一點七公里的正方形，城內有木造房舍，駐屯達一千人。哈德連長牆建造後，在文得蘭達東北約三公里處修築了附屬於長牆的另一城堡，致使文得蘭達遭到廢棄。到公元一六〇年（漢桓帝延熹三年）以後，又重建文得蘭達，這次是用石築造城垣，城裏的房舍也是石築的，城的面積則有縮小。這個城堡的使用，一直延續到四世紀。

木簡的出土位置，在土築城堡擴建的範圍內，靠近南邊的城垣。一九七三年三月，考古學者羅賓·伯爾萊在發掘中意外發現在小薄木片上有墨水寫的文字，隨即把它拿進室內，經過細心洗滌，看出是兩個木片黏連在一起，用刀慢慢剝離開，顯示出不少細小的字。這一發現，得到專門研究古代文字的學者理查·萊特的鑒定。這是文得蘭達木簡首次出土的情況。從一九七三年到一九七五年，該處共出土木簡二百零二件。

出土木簡的地點，文化層共有五層，簡出於由下向上數的第二層。這一層的年代，由出土貨幣看，上限約為公元九五年，而據木簡，其下限約為公元一〇五年（相當漢

和帝元興元年）。發掘表明，當時那裏是一處鞣皮作坊。房子的牆壁是用樹枝編成，上塗黏土，覆蓋着樹枝編的房頂，周圍有溝。地面是黏土的，上敷藁草。房內外留有大量垃圾，包含各種食物的殘餘，如禽獸骨骼、果殼等，還出有一些陶器、木器、鐵器和皮革條屑。木簡也出自垃圾堆積中，有的帶有焦痕，顯然是被拋棄的東西。

文得蘭達木簡係用樺木或赤楊製成，一般長十六至二十厘米，寬六至九厘米，厚零點一至零點二厘米。半數以上有字，是羅馬帝國通用的拉丁文，內容有書信、文書、賬簿三種。值得注意的是，內容性質不同，簡的形制也有區別。

書信簡是橫着木紋放置的，分為左右兩欄，按平行於木紋的方向書寫。信的寫法有固定格式。寫好後，在簡中間略左的地方刻一縱溝，然後沿溝對折。簡邊有小缺，可以用繩纏束，也許還可加上封印（圖三十）。

文書簡也橫着木紋放置，同樣對折，但是否分左右兩欄書寫，由於發現的殘片太小，不能斷定。

賬簿簡則是豎着木紋放置的，書寫方向與木紋成直角。在對折後，邊緣小孔中穿繩，互相綴聯（圖三十一）。

用來書寫這些木簡的工具，和當時寫紙草紙所用相同，是一種葦莖削成的筆，蘸以煤、樹膠和水製造的墨水。字體是羅馬手書體，頗不易辨識。

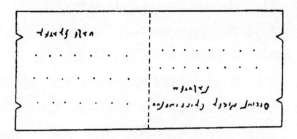

圖三十　書信簡

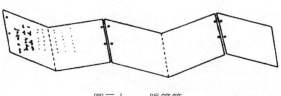

圖三十一　賬簿簡

　　從木簡的內容了解到很多歷史情況。由書信和文書，可以知道當時駐軍的編制、來源、勞役及通信聯繫，等等。賬簿記載了軍隊的生活用品，特別是大麥、小麥、酒、肉類、調味品等食物，也是很珍貴的。

　　文得蘭達木簡的性質和內容，都很類似中國西北地區如敦煌、居延等地的簡，皆在古代的防線上出土，有文書、賬簿、書信等，反映了屯戍的制度和生活。就年代來說，它相當中國東漢時期，時間也差不多。形制當然不大一樣，書信、文書為長方形薄板，套用中國名詞，應稱為「牘」，其封緘的方法與中國的牘也有相似處。賬簿將木版聯綴起來，又近於中國以及日本的簡冊。互相對比，是十分有趣的。

　　在文得蘭達的發現之後，英國又有幾個地點有木簡零星發現。另外，在意大利南部和瑞士的羅馬時代遺址中，據聞也有出土。看來這方面的發現和研究還會進一步擴大。

參考文獻

大庭脩：《木簡》，學生社，一九七九年。

同上：《木簡學入門》，講談社，一九八四年。

田中琢：《英國出土のロ―マ木簡》，《木簡研究》第七號。

後 記

　　這本小書草成以後，將全稿通讀一遍，深深感到自己有關比較考古學的想法確欠成熟，前後未能一貫。書中有些地方不過蒐集一些材料，介紹若干見聞而已。好在各節還都能含有一點新的意見，是我敢於貢獻給讀者的。至於見解的是非，就要請讀者來評判了。

　　本書插圖，係由文物出版社李縉雲配製。另外，書中第十八和第二十兩節，曾在《文史知識》一九八四年第五期、《文物天地》一九八七年第三期分別發表，收入本書時都作了較大補改，這是需要說明的。

　　在此特別要感謝饒選堂先生。饒先生治學博兼中外，久為學界景仰。我在編寫本書的過程中，重繹《選堂集林》等著，所得啟迪尤多。今夏在美與饒先生相見，陳述這本小書的一些設想，因請題籤賜序，承蒙許可，是我極感榮幸的。

　　也要感謝香港中華書局，出版我這本隨筆性質的小書，實在是提高了書的身價。

李學勤

一九九〇年冬至日於北京紫竹院寓所

比較考古學隨筆

李學勤　著

責任編輯　蕭　健
裝幀設計　高　林
排　　版　黎　浪
印　　務　劉漢舉

出版　　中華書局（香港）有限公司
　　　　香港北角英皇道 499 號北角工業大廈一樓 B
　　　　電話：（852）2137 2338　傳真：（852）2713 8202
　　　　電子郵件：info@chunghwabook.com.hk
　　　　網址：http://www.chunghwabook.com.hk

發行　　香港聯合書刊物流有限公司
　　　　香港新界荃灣德士古道 220-248 號
　　　　荃灣工業中心 16 樓
　　　　電話：（852）2150 2100　傳真：（852）2407 3062
　　　　電子郵件：info@suplogistics.com.hk

印刷　　美雅印刷製本有限公司
　　　　香港觀塘榮業街 6 號海濱工業大廈 4 樓 A 室

版次　　1991 年 10 月初版
　　　　2022 年 5 月第 2 版
　　　　© 1991 2022 中華書局（香港）有限公司

規格　　32 開（195mm×140mm）

ISBN　　978-962-231-637-9